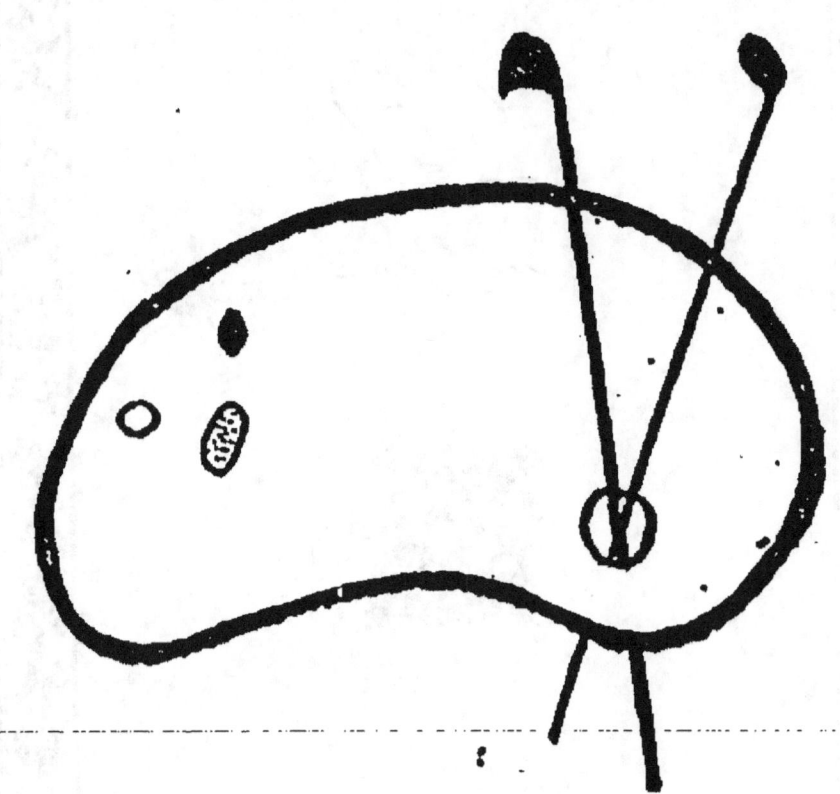

DEBUT D'UNE SERIE DE DOCUMENTS EN COULEUR

11 avril 1825

Vente de fonds de 1825

avec pri[vilège]

d'une Jardin
et Manoir ——— 1670
à Lac Maijan

Andrew Hippolyte ——— 49 05
Sophie ——————— 26 05
Transfiguration Girodier 80 —

Total ℞ 1825 = 10

Schell

N°   La transfiguration   80.

Rhedes   49 75

Zuber   96 75

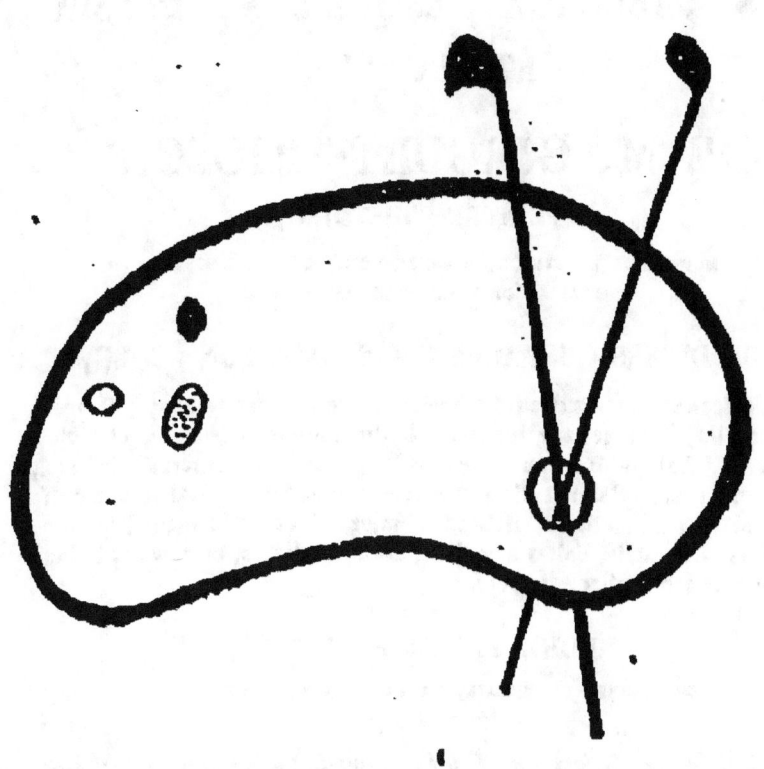

FIN D'UNE SERIE DE DOCUMENTS
EN COULEUR

CATALOGUE

DES TABLEAUX, ESQUISSES, DESSINS ET CROQUIS,

DE M. GIRODET-TRIOSON,

PEINTRE D'HISTOIRE,

MEMBRE DE L'INSTITUT, OFFICIER DE LA LÉGION-D'HONNEUR,
CHEVALIER DE L'ORDRE DE SAINT-MICHEL;

DE DIVERS OUVRAGES FAITS DANS SON ÉCOLE,

De Tableaux, Dessins des trois Écoles, anciens et modernes; Estampes, Recueils, Ouvrages sur les Arts, Lythographies; Médailles et Objets divers d'Antiquité; Armures de tous les pays; Meubles rares, etc., etc., composant son Cabinet; de Figures, Bustes et Fragmens divers, moulés en plâtre sur l'Antique; riches Costumes, Peaux d'Animaux, Mannequins, Chevalets, Boîtes à couleur, et objets divers, composant le mobilier de son Atelier, etc., etc.;

RÉDIGÉ PAR M. PÉRIGNON,

SON ÉLÈVE, COMMISSAIRE-EXPERT DES MUSÉES ROYAUX.

La Vente de ces Objets aura lieu le 11 avril et jours suivans, à midi, dans sa Maison, rue Neuve-Saint-Augustin, n° 55;

L'Exposition en sera publique, dans le même local, les 8, 9 et 10 avril, de midi à quatre heures.

CE CATALOGUE SE DISTRIBUE A PARIS,

Chez MM. {
PÉRIGNON, Peintre, Commissaire-Expert des Musées Royaux, rue des Martyrs, n. 11;
BONNEFONS-LAVIALLE, Commissaire-Priseur, rue Saint-Marc, n. 14.
}

1825.

AVERTISSEMENT.

Je ne présente ce Catalogue que comme le travail nécessaire à l'ordre de la vente. Parler des productions d'un homme supérieur, est une tâche sérieuse et difficile à remplir; on doit craindre, quand on s'en charge, de montrer une exaltation ridicule ou d'être au-dessous du sujet. Enhardi d'abord par la volonté que M. Girodet m'avait fait connaître quelque temps avant le triste moment où ses amis l'ont perdu, que je fusse chargé du classement de ses ouvrages et de son cabinet; je voulais analyser les beautés que présentent chacune de ces productions, et je me serais fait honneur d'y apporter tous mes soins; mais leur excellence m'a arrêté, et, respectueux admirateur du génie élevé de mon illustre maître, j'ai dû craindre d'en parler faiblement. C'est au littérateur distingué, qui saura également apprécier la perfection de son talent, et bien exprimer ses pensées, qu'il doit être réservé d'en faire un digne éloge. Il est quelquefois à propos, lorsqu'on décrit les tableaux des peintres anciens, d'appeler l'attention sur des beautés que le temps a voilées, et que la mode fait souvent méconnaître ; mais ici le pinceau brille dans tout son éclat, et le puissant génie du grand artiste se montre dans la multitude d'idées neuves, riches et sublimes, que nous présentent ses dessins et ses compositions *.

Ceux qui veulent parcourir la belle carrière du peintre d'histoire, vont voir dans l'atelier d'un grand maître, quelle route ils ont à suivre, quelles difficultés ils doivent surmonter. Ils verront comment la fermeté constante d'un travail opiniâtre, a secondé les plus riches dons de la nature**, les élans du génie et la fertilité de l'imagination ; de cette imagination prête

---

* Plusieurs de ces compositions ne paraîtront pas à la vente, mais vont être publiées.

** Le célèbre M. David aime toujours à se rappeler qu'après avoir vu les premiers essais du jeune Girodet, sous des professeurs subalternes, il déclara à ses parens, qui le destinaient à une autre profession, que ce jeune homme serait peintre malgré tous leurs efforts. C'est quelque temps après que Girodet devint son élève.

à déborder pour ainsi dire chacun des sujets qu'elle a choisis, si le goût sévère et la vaste érudition n'étaient venus ordonner ces richesses, pour les subordonner à l'objet principal, et le faire valoir.

Serait-il possible à un élève de Girodet, à un de ceux qu'il honorait de son amitié, de le nommer sans parler de sa belle âme, de la noblesse et de la sincérité de son cœur, si susceptible d'inspirer et de sentir les douceurs de l'amitié, de cette bonté qui rachetait si parfaitement les emportemens d'un caractère souvent trop sensible aux critiques et aux jugemens peu réfléchis des contemporains. Les pleurs et les regrets de ses parens, de ses élèves, des nombreux amis qui suivaient son triste cortège; l'éloquente improvisation de M. Gros, l'un de ses émules de gloire, quelquefois son rival, et toujours son ami; voilà ce qui dit quelle place Girodet devait occuper dans le cœur de ses amis, de ses rivaux mêmes, et enfin de tous ceux qui avaient le bonheur de le connaître.

Les lettres B. et T., placées à la fin des articles, indiquent que les Tableaux sont peints sur bois ou sur toile.

CATALOGUE

DES OUVRAGES DE M. GIRODET,

ET DE SON CABINET.

~~~~~~~~~~~~~~~~~~~~~~~~~~~~~~~~~~~~~

PREMIÈRE PARTIE.

TABLEAUX, ESQUISSES, ÉTUDES PEINTES, ÉBAUCHES DIVERSES, DESSINS TERMINÉS, COMPOSITIONS ET CROQUIS PAR M. GIRODET, ET QUELQUES COPIES, ÉTUDES PEINTES ET DESSINS FAITS DANS SON ÉCOLE.

Tableaux, Esquisses, Etudes, Dessins et Croquis de M. Girodet.

1. Un officier de Mamelucks, vu de face et jusqu'aux genoux. Il est assis. La tête, d'une couleur brillante, que relèvent encore une longue barbe blanche et la vigueur des tons de l'ajustement, a été peinte d'inspiration.

* A la connaissance des Ouvrages de M. GIRODET que m'a donnée la fréquentation habituelle de son atelier, j'ai ajouté tous les renseignemens

Ce tableau, achevé dans tous ses détails, a été exposé au Salon. T. hauteur, 53 pouces ; largeur, 41 pouces.

2. Un Indien, représenté debout et jusqu'aux genoux, la tête de trois quarts, coiffée d'un turban, et la main sur la poignée de son sabre. Un schall de cachemire, tourné autour de son corps, et la richesse de ses vêtemens contrastent avec le ton basané de sa figure, qui se détache sur un fond de ciel clair. T. h. 53 p. l. 41 p.

3. Esquisse très-arrêtée pour la scène de déluge. Elle est d'autant plus remarquable qu'elle diffère du tableau par plusieurs changemens dans la composition, quant au groupe du bas et quant aux tons des draperies. La couleur et l'effet rappellent parfaitement le tableau. T. h. 17 p. l. 14.

4. Une autre esquisse, qui doit aussi attirer l'attention, celle du tableau d'Ossian, offrant beaucoup de changemens, assez étudiée dans les détails et dans l'ensemble, pour retracer à l'esprit l'effet magique du tableau. B. h. 12 p. 1/2. l. 10 p. 1/2.

5. Tête colossale, d'un caractère noble et sévère, peinte d'après un prêtre grec. Il est vu de trois quarts, coiffé de longs cheveux noirs. Sa barbe, presque grise, retombe

que j'ai pu me procurer auprès de ses autres Élèves, afin de pouvoir les présenter en toute sûreté de conscience. Plusieurs d'eux, habitués à travailler près du maître et d'après ses Ouvrages, ont fait des Copies et des Esquisses qu'il a retouchées, et qui, par la suite, pourront embarrasser les Amateurs. Ils auront donc ici, pour acquérir avec certitude des Ouvrages entièrement de la main de M. Girodet, une occasion qu'il sera sûrement difficile de retrouver.

sur un ajustement d'un ton brun foncé. Cette belle étude a été finie avec le plus grand soin. T. h. 27 p. l. 22 p.

6. Une autre étude, peinte plus récemment, représentant une Amazone. Elle est vue seulement jusqu'au buste. De longs cheveux noirs flottent autour de sa poitrine, à demi couverte d'une peau de tigre. Elle a le carquois sur l'épaule. La tête, d'une beauté sauvage, est riche de couleur et d'une expression fière et très-prononcée. T. h. 20 p. l. 17 p.

7. Tête colossale, étude terminée d'après nature pour la composition du serment des sept chefs devant Thèbes. Tableau que M. Girodet se disposait à exécuter. Cette tête est de trois quarts; les cheveux et la barbe noirs font ressortir la vivacité de la couleur. Parmi les belles études que M. Girodet avait faites pour cette composition, et dont la désignation va suivre, celle-ci est surtout remarquable par un fini précieux qui n'a rien ôté à la force de l'expression et de la couleur. Elle a été exposée au Salon. T. h. 22 p. l. 18. p.

8. Une autre tête, frappante d'expression, représentant le blasphémateur. Elle est aussi d'un fini parfait, à l'exception du casque, qui n'est qu'indiqué. T. h. 21 p. l. 17 p.

9. Une autre, ainsi que la précédente, vue de profil et à barbe noire. Elle a le regard fixé vers la terre. L'ajustement n'est que légèrement indiqué. Ces deux têtes sont plus grandes que nature. T. h. 23 p. l. 19 p.

10. Deux paysages du plus grand intérêt par les sites qu'ils

représentent et par la manière précise dont ils sont rendus. Le premier offre la vue du Colisée, le second une autre partie de Rome. Dans celui-ci les premiers plans sont garnis de plantes qui forment une masse d'ombre dont la vigueur fait ressortir l'effet piquant des plans éloignés. T. l. 20 p. h. 15 p.

11. Quatre autres paysages, d'un fini précieux jusque dans les moindres détails. Ils retracent avec une vérité parfaite les effets des quatre heures du jour sur des sites d'un style noble, et remarquables par la beauté des lignes. Dans celui qui représente le matin, les premiers plans ne sont pas entièrement terminés. T. l. 8 p. h. 6 p.

12. Esquisse peinte pour le sujet d'Hippocrate refusant les présens d'Artaxercès. Quoique peinte très-légèrement, cette esquisse rappelle parfaitement le jet des draperies et donne même l'idée des caractères de têtes. T. l. 13 p. 1/2. h. 9 p. 1/2.

13. Esquisse d'un style sévère, pour un tableau d'église qui a été détruit pendant la révolution, représentant le Christ mort soutenu par la Vierge. Ce tableau, peint avant le départ pour Rome, présentait déjà des beautés du premier ordre, et aurait soutenu la comparaison avec les productions des plus grands peintres. Telle est l'opinion de l'illustre maître de M. Girodet. T. h. 16 p. l. 12.

14. Une autre esquisse pour le même sujet, plus légèrement faite et de plus petite dimension. T. h. 11 p. l. 12 p.

15. Une étude de femme, vue en buste et ayant la gorge découverte; d'une main elle retient ses cheveux. Cette étude, peinte avec le plus grand soin, d'après un modèle d'une rare beauté, était toujours revue avec un nouveau plaisir par les admirateurs du talent de M. Girodet. Elle était connue dans son atelier sous le nom de la belle Élisabeth. T. h. 24 p. l. 20 p.

16. Tête d'homme colossale, coiffée d'un turban bleu et d'un barnousse brun. Elle est vue presque de profil; les yeux pleins d'expression sont levés vers le ciel. Cette tête est peinte du plus grand fini et d'un coloris très-brillant. T. h. 24 p. l. 18 p.

17. Petite esquisse terminée presqu'au même point que le serait un tableau, représentant le sujet des révoltés du Caire. On y remarque quelques parties différentes du tableau. Du reste, les caractères y sont aussi décidés, et les expressions aussi justes, que le comportait cette dimension, dans un sujet si riche et si varié d'expressions. *Papier sur toile.* L. 16 p. h. 11 p.

18. Étude peinte en Italie, d'après un jeune pêcheur romain. Il est vu presqu'à mi-corps, et de grandeur de nature. Ses bras croisés sont appuyés sur une pierre. Le torse est en partie couvert d'une draperie blanche. T. h. 26. l. 19 p.

19. Première pensée pour le sujet d'Atala. Esquisse peinte, terminée; elle diffère du tableau par quelques

changements, surtout dans la figure de Chactas. T. l. 9
1/2. h. 8 1/2.

20. Paysage, vue du Vésuve pendant le jour; ce paysage est rendu avec le plus grand soin, jusque dans ses moindres détails. T. l. 14 p. h. 9 p.

21. Une autre vue du Vésuve, au moment de l'éruption et pendant le clair de lune. T. l. 14 p. h. 9 p.

22. Énée, pendant son sommeil, est averti par Hector d'assurer son salut par la fuite, et de soustraire aux flammes les dieux de sa patrie. Il lui apparaît tel qu'il était lorsqu'Achille le traînait à son char. Dans le fond on aperçoit la ville de Troye en feu. Esquisse peinte très-terminée, inspirée par le 2ᵉ livre de l'Énéide. B. l. 12. h. 9 1/2 p.

23. Autre esquisse peinte, terminée presqu'au point d'un tableau dans plusieurs parties, représentant le sujet de l'enlèvement d'Europe. La composition est enrichie par les dieux marins qui entourent le groupe principal. T. l. 9 p. h. 7 p.

24. Esquisse peinte terminée. Jupiter assis sur son trône, vient de donner à Pandore la boîte qu'elle cherche déjà à ouvrir. Mercure, placé près de Jupiter, va la conduire chez Épiméthée. B. T. l. 12 l. 9 p.

25. Une autre esquisse du même sujet. Au lieu de Mercure, Minerve est près de Jupiter, elle pense aux dé-

sastres et aux malheurs qui doivent sortir du vase fatal.
T. h. 12 p. l. 9 p.

26. Esquisse peinte, terminée, représentant Vénus aphrodite, sortant de l'écume de la mer; les Amours voltigent autour d'elle. Un d'eux lui présente un miroir, d'autres décochent déjà leurs flèches; plus loin on aperçoit Amphitrite et en avant un triton. T. h. 12 p. l. 9 p.

27. Une autre aussi très-terminée. Junon, sur le mont Gargarus, endort Jupiter, après avoir exigé qu'ils fussent enveloppés d'un épais nuage. Dans l'éloignement, on aperçoit Mercure qui va dire à Neptune qu'il peut assister les Grecs. T. h. 12 p. l. 9 p.

28. Esquisse tirée du premier livre de l'Énéide. Vénus près de Jupiter, l'implore en faveur de son fils Énée et des Troyens. Jupiter penche sa tête vers elle et la console. B. l. 12 p. h. 9 1/2.

29. Autre esquisse aussi très-terminée et pleine d'effet, inspirée du dernier épisode des Georgiques. Elle représente Orphée au moment où, ne pouvant résister au désir de revoir son épouse, il se retourne et la perd pour jamais. B. h. 10 p. l. 8 p.

30. Esquisse terminée avec soin; composition de 4 fig. Anacréon, assis près de deux jeunes joueurs d'instrument, regarde une jeune nymphe qui danse en jouant

du tambour de basque; ces figures se détachent sur un ciel éclairé par le soleil couchant. T. l. 9 p. h. 7 p.

31. Une autre esquisse représentant Anacréon et une jeune fille dans une grotte; l'Amour est près d'eux. Le paysage offre aussi un effet de soleil couchant. T. l. 9 p. h. 7 p.

32. Deux paysages, vues de Suisse, les seules que M. Girodet ait peints dans ce pays. Dans l'une et dans l'autre on voit un lac resserré par des rochers et des montagnes qui se perdent dans les nues. Dans la première une seule barque que l'on aperçoit en second plan, donne l'idée de la grandeur du site; dans la seconde on remarque, en avant, le commencement d'un petit bois. T. l. 12. p. 1/2. h. 9. p.

33. Esquisse très-terminée pour le portrait en pied de M. le marquis de Bonchamps, général vendéen. T. h. 12 p. l. 8 1/2.

34. Autre esquisse aussi très-terminée pour celui de M. Cathelineau, général vendéen. Ces deux portraits sont les derniers ouvrages sortis de la main de M. Girodet. T. h. 12. p. l. 8 1/2.

35. Tête de jeune fille brune, vue presque de profil perdu. H. 13 p. l. 12 p.

36. Étude d'un jeune Turc, vue de profil, la tête tournée vers l'épaule gauche. L'oreille et l'ajustement sont seulement indiqués. T. h. 21 l. 17.

37. Esquisse très-terminée, peinte en Italie. Elle représente Ajax Oïlée sur le rocher Capharéen, pendant la tempête excitée par Neptune au moment où il dit : J'en échapperai malgré les Dieux. T. h.   l.

38. Esquisse très-terminée, représentant Phèdre, après avoir découvert à OEnone son amour pour Hippolyte. (Scène 3, du 1er. acte de Phèdre, de Racine.) T. h. 8 p. l. 6 p.

39. Esquisse terminée. Clytie jalouse de la préférence d'Apollon pour Leucothoé, va mourir et être changée en tournesol. L'Amour la soutient encore; le soleil couchant n'éclaire plus que son visage et sa poitrine, le reste du corps est dans l'ombre. B. l. 7 p. 1/2, h. 6 p.

40. Portrait de femme en buste et de trois quarts. Elle est vêtue d'une robe blanche, et a l'épaule couverte d'un schall; elle est coiffée en cheveux. H. 24 p. l. 20 p.

41. Tête d'étude d'une jeune fille, vue presque de face, et coiffée d'une espèce de turban rouge. T. h. 15 p. l. 12 p.

42. Portrait en buste du duc de S. L. La figure seule est terminée. T. h. 21. p. l. 17 p.

43. Étude de jeune femme, vue de trois quarts, les yeux levés au ciel. D'une main elle retient ses longs cheveux blonds. La main n'est qu'ébauchée. T. h. 15 p. l. 12 p.

44. Autre étude de jeune femme, de profil; d'une main elle soutient une draperie. La tête seulement est finie. T. h. 15 p. l. 12 p.

45. Étude plus grande que nature, d'un jeune Turc à

moustaches, vu de face et les yeux levés. L'ajustement n'est qu'ébauché. T. h. 21 p. l. 17 p.

46. Étude en buste pour Pygmalion; cette étude, de grandeur de nature, est terminée. T. h. 26 p. l. 22 p.

47. Étude d'homme à barbe, vu de profil; la poitrine couverte d'une robe jaune et d'un manteau blanc. T. h. 22. p. l. 18 p.

48. Autre tête d'homme à barbe, ajustée à la turque et coiffée d'un turban. Il est vu de trois quarts et en buste. T. h. 22 p. l. 18 p.

49. Étude d'après un vieillard endormi; cette étude est très-terminée jusque dans ses moindres détails. Ainsi que les deux précédentes elle servait de modèle dans l'atelier des élèves. T. h. 17 p. l. 14 p.

50. Vieillard dont la tête est en partie couverte d'une draperie; il est vu en buste et tient un bâton. Étude peinte avant le voyage en Italie. T. h. 25 p. l. 19 p.

51. Autre étude aussi peinte en Italie d'après un jeune homme, vu jusqu'aux genoux, et ayant la tête appuyée sur sa main. Il est ajusté d'une draperie rouge, et près d'une table couverte d'une étoffe verte. Cette figure, plus petite que nature, se détache sur une draperie blanche. T. h. 18 p. l. 13 p. 1/2.

52. Tête de jeune fille blonde, très-fraîche de couleur, et ayant les yeux baissés; ébauche très-avancée. T. h. 15 p. l. 12 p.

53. Tête de jeune femme brune, les yeux baissés. Étude pour la Galatée. T. h. 17 p. l. 14 p.

54. Ébauche avancée, d'après une jeune femme, vue presque de trois quarts, et les yeux levés. Elle est coiffée d'un turban légèrement indiqué. T. h. 21 p. l. 17. p.

55. Tête de Turc non terminée, plus grande que nature, et dans la demi-teinte; elle est coiffée d'un barnouffe. T. h. 21 p. l. 17 p.

56. Une autre tête de Turc, dans l'expression de la frayeur; elle est plus grande que nature. L'ajustement n'est pas terminé. H. 21 p. l. 17 p.

57. Autre tête de profil, plus grande que nature, non terminée; elle est coiffée d'un turban vert. L'ajustement n'est qu'indiqué. T. h. 21 p. l. 17 p.

58. Autre, de grandeur de nature, vue de profil et tournée vers le ciel; elle est coiffée d'un turban rouge et d'un barnouffe. Elle n'est pas terminée. T. h. 21 p. l. 17 p.

59. Tête de jeune Turc, plus grande que nature, vue de trois quarts, et non terminée. Le turban blanc et la draperie rouge sont seulement indiqués. T. h. 21 p. l. 17 p.

60. Esquisse vigoureuse de ton et d'effet. Sujet d'Hercule terrassant Cacus. B. h. 13 p. l. 11 et demi.

61. Esquisse d'un effet très-piquant, représentant l'intérieur de la maison de Joachim. Le groupe principal, éclairé par la lumière et reflété par la lune, est celui

de sainte Anne apprenant à lire à la Vierge. Cette esquisse a été peinte avant le voyage en Italie. T. l. 12 p. h. 8 p.

62. Hector venant faire des reproches à Pâris ; Hélène est près d'eux ; dans le fond on voit la ville de Troye ; esquisse peinte sur papier. H. 9 p. l. 7 p.

63. Étude légèrement peinte d'après nature, et très-piquante d'effet. Elle représente, dans un paysage éclairé par le soleil couchant, Bacchus endormi. On voit près de lui un jeune faune et plusieurs vases renversés. Dans l'éloignement on aperçoit encore quelques figures légèrement indiquées. B. l. 17 p. h. 13 p.

64. Esquisse peinte, représentant le Dante soutenu par son ami au moment où il s'évanouit lors de sa vision. B. l. 11 p. h. 9 p.

65. Quatre esquisses peintes pour quatre figures allégoriques exécutées au château de Compiègne. Cet article pourra être divisé. T. h. l. et à 8 pans.

66. Esquisse peinte, sujet de la descente de croix : la Madeleine est auprès de la Vierge et du Christ. B. h. 11 p. l. 9 p.

67. Esquisse légèrement peinte, représentant Hippocrate conduit par les Abdéritains près de Démocrite, qu'ils croient en démence. B. h. 10 p. l. 17 p. 1/2.

68. Le même sujet, plus terminé et plus riche de composition, peint sur ardoise. L. 7 p. 1/2, h. 5 p.

69. Paysage très-terminé, d'après Péquignot, offrant un site d'Italie, enrichi de plusieurs figures ; on remarque en avant une jeune chasseresse. T. l. 10 p. h. 8. p.

70. Ébauche d'un portrait de femme vue plus qu'à mi-corps ; elle est posée avec grâce sur un siége à l'antique, et ajustée d'une robe blanche et d'un corset jaune. T. l. 36 p. h. 31 p.

71. Étude de jeune femme vue en buste et coiffée en cheveux ; la tête est terminée. T. h. 17 p. l. 14 p.

72. Autre étude peu faite d'une femme blonde, les yeux levés, et vue en buste. T. h. 22 p. l. 18 p.

73. Étude sur laquelle M. Girodet a remporté le prix du torse. Cette étude, peinte dans la demi-teinte, représente un homme tenant ses tablettes, et prêt à écrire. L. 56 p. h. 29 p.

74. Étude ébauchée et moins grande que nature, offrant une jeune odalisque la gorge découverte, les bras croisés et dans la demi-teinte ; elle est coiffée d'un turban ; les bras et les accessoires sont très-peu avancés. T. h. 21 p. l. 17 p.

75. Ébauche d'une jeune femme vue en buste et jouant de la guitare. T. h. 24 p. l. 20 p.

76. Autre ébauche d'un portrait de femme coiffée d'un turban, ajustée d'une robe blanche, et retenant son écharpe d'une main. T. h. 24 p. l. 20 p.

2.

77. Tête d'étude terminée d'après un vieillard sans barbe et à cheveux gris. T. h. 17 p. l. 14 p.

78. Ébauche d'un portrait de femme vêtue d'une robe noire ; elle est assise et vue jusqu'aux genoux. T. h. 41 p. l. 32 p.

79. Ébauche d'un portrait d'homme assis dans des catacombes. T. h. 44 p. l. 35 p.

80. Autre ébauche d'un portrait d'homme vu jusqu'aux genoux. T. h. 54 p. l. 46 p.

81. Ébauche avancée offrant une jeune chasseresse en buste, la tête tournée de trois quarts. T. h. 20 p. l. 17 p.

82. Ébauche d'après une jeune fille, la tête levée et les yeux tournés vers le ciel : elle est vue plus qu'en buste et retient d'une main une draperie bleue.

83. Portrait de mameluk seulement ébauché. T. h. 12 p. l. 19 p.

84. Ébauche d'un portrait de femme vue en buste, vêtue d'une robe blanche, et retenant son schall d'une main. T. h. 34 p. l. 20 p.

85. Esquisse peinte et terminée d'un portrait d'homme en habit français, et en pied. T. h. 8 p. l. 5 p.

86. Autre esquisse de portrait en pied, dans le costume militaire ; il est placé près d'un cheval tenu par un mameluk

87. Étude très-avancée d'un portrait en pied et en grand costume; la figure est en grande partie terminée, les fonds ne sont qu'indiqués.

88. Esquisse faite après le tableau d'Atala, et différente par les tons et l'effet. T. l. 10 p. h. 8 p.

89. Esquisse de concours, représentant le sujet des vendeurs chassés du temple; composition riche et pleine de mouvement, tracée avec une légèreté et un brillant de coloris qui rappelle les esquisses de Rubens. T. l. 17 p. h. 14 p.

90. Autre esquisse du même temps, représentant Alexandre à Babylone, prêt de mourir, au moment où ses troupes défilent devant lui. T. l. 17 p. h. 14 p.

91. Esquisse légèrement touchée; sujet de la maladie d'Antiochus; composition de trois figures. P. l. 8 p. h. 6 p.

92. Esquisse peu faite, représentant Pyrrhus, roi des Épirotes, se défendant contre des soldats argiens. T. l. 13 p. h. 9 p.

93. Esquisse sur papier, sujet d'histoire moderne. Riche composition.

94. Esquisse terminée seulement dans quelques parties, sujet d'Adonis, prêt à quitter Vénus. T. l. 12 p. h. 9 p.

95. Esquisse de concours, sujet de la délivrance de saint Pierre. T. l. 16 p. h. 13 p.

96. Portrait d'homme de trois quarts et en buste. T. h. 22 p. l. 28 p.

97. Autre esquisse du même temps, sujet du départ de Régulus. T. l. 17 p. h. 14 p.

98. Sujet d'un enlèvement, groupe de deux figures, éclairées par la lune, esquisse. B. h. 9 p. 1/2, l. 9 p.

99. Tête d'âne de grandeur de nature, étude légèrement peinte. T. h. 24 p. l. 18 p.

100. Un paysage légèrement esquissé à l'huile, site d'Italie. T. l. 12 p. h. 9 p.

101. Deux études de l'éruption du Vésuve, faites à Naples en 1793, l'une pendant le jour, l'autre pendant la nuit. T.

102. Une autre, pendant la nuit, faite à la même époque. T.

103. Deux études sur papier cartonnées ; l'une offrant des montagnes couvertes de bois, en avant une prairie couverte d'animaux ; l'autre, un chêne vert aux environs de Naples ; les devans non terminés.

104. Une étude peinte sur papier, représentant l'éruption du Vésuve pendant le clair de lune.

105. Deux études peintes sur papier, troncs d'arbres et feuillages.

106. Autre étude de quartiers de rochers couverts de mousse, sur papier.

107. Deux études de paysage, une sur papier, l'autre sur toile, offrant un point de vue et divers détails de premier plan.

108. Autre étude d'après nature, dont les fonds seuls sont terminés.

109. Esquisse d'un ciel pendant un orage.

110. Deux études peintes de plantes étrangères, pour le tableau d'Atala.

111. Trois études sur papier, offrant divers détails de plantes de premier plan, et un platane.

112. Esquisse d'un paysage, peu faite.

113. Étude d'après une jeune fille, seulement indiquée à l'huile.

114. Légère ébauche d'une tête de jeune guerrier.

115. Deux têtes de femmes légèrement esquissées à l'huile, sur papier.

116. Une autre tête de femme ayant les yeux levés, seulement frottée à la terre de Cassel.

117. Portrait de femme en buste, vêtue d'une robe verte et d'une écharpe blanche légèrement indiquée à l'huile.

118. Les esquisses et études peintes, qui ont pu être omises, seront vendues sous ce numéro.

DESSINS ET CROQUIS,

Compositions, Études diverses, Portraits et Paysages, terminés et non terminés, par M. Girodet.

119. Quatre dessins au crayon noir et à l'estompe, sur papier blanc; compositions pour les tableaux placés au château de Compiègne, représentant le départ du guerrier, le combat, la victoire, le retour. Cet article pourra être divisé.

120. Une feuille d'études d'après nature pour les divers groupes de filles des bardes du tableau d'Ossian. Ce dessin fait, dans l'origine, au crayon noir sur papier blanc, a été nouvellement retouché à l'estompe et remonté d'effet par M. Girodet.

121. Le portrait de M. David, au crayon noir, sur papier blanc; celui de M. Gérard, dans sa jeunesse; et celui de Canova, au crayon noir et à l'estompe, sur papier blanc. Ces trois portraits seront vendus séparément.

122. Sujet de l'origine du dessin, composition de trois figures, effet de lumière, à l'estompe, sur papier blanc.

123. Un dessin pour le sujet de Galatée, à l'estompe et au crayon, sur papier blanc.

124. Un dessin au crayon noir et à l'estompe, sujet de la naissance de Vénus, et une étude très-terminée du groupe du fond de cette composition. Cet article sera divisé.

125. Un dessin très-fini, à l'estompe, sur papier blanc; étude de l'Amour pour la composition de Galatée.

126. Groupe d'après nature, au crayon noir et à l'estompe, sur papier blanc; l'Amour et Galatée.

127. Étude de femme, d'après nature, au crayon noir, sur papier blanc et à l'estompe, pour la Galatée.

128. Étude d'homme, d'après nature, pour Pygmalion, au crayon noir et à l'estompe, sur papier blanc.

129. Dessin à l'estompe, au crayon noir, sur papier blanc. Jupiter remettant à Pandore le vase fatal.

130. Jeune femme vue en buste, vêtue d'une robe noire avec collerette blanche, se détachant sur un fond de paysage. Dessin d'un effet très-piquant, au crayon et à l'estompe, sur papier blanc.

131. Dessin terminé, au crayon noir, à l'estompe, sur papier blanc; Arianne abandonnée, fond de paysage.

132. Dessin au crayon noir, à l'estompe, sur papier blanc; portrait de femme en pied, le fond non terminé.

133. Deux dessins au crayon noir, à l'estompe, sur papier blanc, forme ronde. L'un représente Bélisaire et son jeune conducteur; l'autre, Œdipe et Antigone. Ces deux dessins, faits en 1814, n'ont pas encore été publiés.

134. Dessin au crayon noir et à l'estompe; projet de portrait de S. M. Louis XVIII, en pied et en manteau royal. On voit, dans une galerie du fond, les portraits de Henri IV et de Louis XIV.

135. Un autre dessin, aux crayons noir et blanc, sur papier de couleur, pour le même portrait.

136. Mercure couché sur un tertre, couvert d'une draperie ; dessin pour une des figures peintes pour Compiègne.

137. Naïade couchée sur une draperie, près d'un ruisseau, où elle se regarde en arrangeant ses cheveux. Cette figure a aussi été exécutée pour Compiègne.

138. Une feuille d'études dessinées d'après nature pour le tableau d'Ossian, au crayon noir et légèrement estompée, sur papier blanc.

139. Dessin au pastel ; sujet de la naissance de Vénus aphrodite.

140. Paysage d'un site sauvage, parfaitement achevé et étudié dans tous ses détails. On y voit en avant une jeune fille effrayée à la vue d'un serpent, et prête à tomber dans un précipice. Forme ronde.

141. Une estampe d'après le paysage ci-dessus indiqué, retouché au lavis, et remontée d'effet par M. Girodet.

142. Portrait historique et curieux, vu jusqu'aux genoux, en uniforme militaire et assis. Ce portrait est fini à l'estompe, aux crayons noir et blanc, sur papier jaune.

143. Le même portrait, debout et jusqu'aux genoux, se détachant sur un fond de paysage.

144. Trois portraits du même, sur une feuille ; deux dans différentes expressions, le troisième pendant son sommeil.

145. Un portrait du même, en buste, dessiné, ainsi que les précédens, d'après nature, aux crayons noir et blanc, et estompe.

146. Un portrait du même, étant occupé à lire. La tête seule est finie; ce dessin est aux crayons noir et blanc et à l'estompe, sur papier de couleur.

147. Tête d'une jeune femme, du plus précieux fini, au crayon noir et à l'estompe, sur papier blanc.

148. Une étude au pastel; groupe de militaires français combattant des Bédouins.

149. Une étude au pastel, offrant trois têtes de guerriers arabes.

150. Une étude au pastel; magistrat de la ville de Vienne.

151. Étude au pastel; groupe de trois figures de militaires français et mamelucks.

152. Étude au pastel, représentant un Mameluck.

153. Étude au pastel; Turc tirant un pistolet.

154. Étude au pastel; un dragon français.

155. Deux Études au pastel; un Nègre et deux Turcs.

156. Étude au pastel; une paysanne et sa fille.

157. Deux études au pastel; un évêque et deux officiers autrichiens.

158. Étude d'un Mameluck, au pastel.

159. Étude au pastel, représentant un paysan et deux villageoises.

160. Deux études au pastel, représentant des Mameluks.

161. Trois études; deux au pastel, une au crayon, représentant des Turcs et des Mameluks.

162. Sept études de diverses têtes, costumes et détails turcs, au crayon et au pastel.

163. Sept études diverses, au crayon et au pastel, sur papier de couleur. Militaires français.

164. Une feuille d'étude au pastel; un nègre, et détails divers.

165. Étude au pastel, d'après Mustapha, Sussen de Tunis, fait le 15 août 1819.

166. Cinq études; têtes, figures et groupes, au pastel et au crayon.

167. Cinq études au pastel; militaires français et allemands.

168. Une tête d'Arabe très-terminée, aux crayons noir et blanc, sur papier de couleur.

169. Quatre feuilles d'études au crayon; groupes et études séparées, etc.

170. Cinq études, les unes au trait, les autres au pastel, sur papier de couleur. Figures de paysannes, étude de chevaux et autres.

171. Huit feuilles d'études diverses de manteaux, colliers et épées, etc., aux crayons noir et blanc, sur papier de couleur.

172. Étude aux crayons noir et blanc, sur papier de couleur, pour une des figures de Turcs du tableau des révoltés du Caire.

173. Plusieurs études au crayon et au pastel, de figures de Turcs, Arabes, Bédouins, et de leurs costumes, etc., qui pourront être divisées sous ce n°.

174. Plusieurs études au pastel et au crayon, de militaires français; figures diverses, etc., qui pourront être divisées sous ce n°.

175. Un paysage au trait, à la plume, et terminé au bistre et à l'encre de la Chine, offrant une ville en amphithéâtre, en avant un bouquet d'arbres; plus loin une figure près d'un tombeau.

176. Deux études non terminées, mais précieusement dessinées, au crayon et sur papier blanc. L'une offre des rochers couverts de plantes et d'arbrisseaux, au milieu desquels sont pratiqués des escaliers; l'autre, qui porte aussi le caractère des ouvrages de Pequignot, offre des montagnes élevées, d'où tombent des cascades.

177. Trois études de montagnes, plantes, etc., non terminées, au lavis, sur papier blanc.

178. Un paysage; riche composition dans le style historique, à la plume et lavé à l'encre de la Chine. Les de-

vans non terminés; deux figures y sont indiquées au crayon.

179. Un autre paysage du même style; le trait à la plume non terminé. Parmi plusieurs figures distribuées sur différent plan on remarque un chasseur suivi de ses chiens.

180. Un paysage où l'on voit des chaînes de hautes montagnes, et quelques fabriques. Il est lavé à l'encre de la Chine. Les fonds ne sont pas terminés.

181. Un paysage historique; le trait à la plume et lavé à l'encre de la Chine et au bistre. Ce paysage, riche en fabriques, offre une ville bâtie en amphithéâtre, au milieu de bouquets d'arbres. Le devant est orné de larges plantes.

182. Un paysage à la plume et lavé à l'encre de la Chine. On remarque l'indication d'une ville dans le fond, un gros arbre et diverses plantes sur les devans, qui ne sont pas terminés. Plusieurs figures y sont seulement indiquées au crayon.

183. Un paysage à la plume, et lavé à l'encre de la Chine. Les devans sont ornés de débris d'architecture et de plantes. On aperçoit le colisée; ce dessin est presque terminé.

184. Un paysage à l'estompe et au crayon, sur papier blanc, très-fin d'exécution et riche de détails; les devans non terminés offrent de hautes montagnes dominant quelques fabriques.

185. Deux paysages; dans l'un on voit des fabriques en avant et une rivière, dans l'autre des chaînes de montagnes; les devans ne sont pas terminés.

186. Un petit paysage d'une manière très-finie, au bistre, représentant l'éruption du Vésuve; les devans ne sont pas terminés, on y voit quelques indications de figures.

187. Un petit paysage, très-précieusement exécuté à l'estompe et au crayon, sur papier blanc; on y remarque une figure dans une grotte; les premiers plans ne sont pas terminés.

188. Trois traits à la plume, offrant des paysages d'Italie.

189. Quatre autre.

190. Six traits au crayon, sur papier blanc, offrant aussi des paysages d'Italie.

191. Six études de ciel et montagnes, indiquées au lavis sur des traits au crayon et à la plume.

192. Huit paysage au trait, au crayon.

193. Six traits de paysage au crayon.

194. Quatre feuilles d'études de paysages légèrement massés au lavis.

195. Dix croquis massés au lavis et traits de paysages.

196. Huit traits et indications au crayon, sur papier blanc, offrant des paysages d'Italie.

197. Trois études de paysages, dont deux grandes tracées au crayon et à la plume, et terminées au lavis dans peu de parties.

198. Huit traits au crayon d'études diverses de paysages.

199. Sept traits à la plume, croquis lavés et contre-épreuves sur 5 feuilles. Paysages d'Italie.

200. Cinq grandes études au trait, au crayon et à la plume, dont une commencée au lavis.

201. Neuf paysages, sites d'Italie, et compositions ornées de figures au trait, au crayon et à la plume, quelques-uns massés au lavis.

202. Neuf compositions de paysages seulement au trait, au crayon, sur papier blanc.

203. Dix études et croquis de paysages, dont quelques-uns massés au lavis.

> Il aurait été fastidieux de parler à chacun des Dessins et des Études de Paysages que nous venons de désigner, du style élevé et de la précision d'exécution que l'on y admire, et pourtant on retrouve ces qualités dans toutes ces études. On remarquera dans plusieurs quelques rapports avec la précieuse exécution des ouvrages de Pequignot, célèbre paysagiste, avec qui M. Girodet avait admiré et étudié les beaux sites d'Italie. Il parlait toujours avec enthousiasme des heureux momens qu'il y avait passés avec son ami, dont il n'a jamais perdu le souvenir.

204. Un dessin au crayon noir sur papier blanc, représentant Raphaël occupé à peindre et entouré de ses élèves.

205. Dessin à l'estompe et au crayon, sur papier blanc : Michel-Ange soignant son domestique malade.

206. Un dessin pour le sujet de Galatée, à l'estompe et au crayon, sur papier blanc.

207. Quatre dessins à l'estompe, au crayon noir, sur papier blanc; figures allégoriques exécutées pour Compiègne, représentant la Force, l'Éloquence, la Valeur et la Justice. Cet article pourra être divisé.

208. Dessin très-arrêté et aux carreaux, pour un sujet d'histoire moderne; il est au crayon noir, et un peu estompé, sur papier blanc.

209. Dessin à l'estompe et au crayon noir, sur papier blanc. Un guerrier calédonien près d'une jeune fille qui le charme par les accords de sa lyre. Ces deux figures, placées sur des nuages, sont éclairées par la lune.

210. Deux croquis au crayon, sur papier blanc. Projets de figures exécutées au château de Compiègne.

211. Un croquis peu arrêté. Première pensée pour le tableau du déluge, à l'estompe et au crayon noir, sur papier blanc.

212. Deux études d'après nature, aux crayons noir et blanc, sur papier de couleur et à l'estompe; l'une, presque terminée, est pour la composition de la naissance de Vénus.

213. Dessin à la plume et au lavis, représentant Créuse cherchant à retenir OEnée qui veut retourner au combat pendant le sac de la ville de Troie. *De forme ronde.*

214. Trois dessins d'après des têtes du jugement dernier,

de Michel-Ange. Ces dessins sont à l'estompe et aux crayons roux et noir, sur papier blanc.

215. Un autre dessin, aussi fait à Rome, au crayon noir, sur papier blanc, d'après une des figures de damnés du jugement dernier, de Michel-Ange.

216. Deux études en groupe et une figure de femme, aux crayons noir et blanc, et à l'estompe, sur papier de couleur; pour le sujet de l'apothéose de saint Louis.

217. Une étude de femme d'après nature pour une des saisons, au crayon noir, sur papier blanc.

218. Étude d'après nature ; groupe de trois figures du tableau d'Atala, aux crayons noir et blanc, sur papier de couleur.

219. Trois études aux crayons noir et blanc sur papier de couleur, pour le tableau du déluge.

220. Études d'après nature, à la pierre d'Italie, pour quatre des figures du tableau d'Ossian.

221. Une feuille d'études au crayon, sur papier blanc, d'après nature, pour les compositions du Virgile de l'édition de M. Didot.

222. Une étude au crayon et au pastel, de la figure de l'Amour pour la Galatée.

223. Deux portraits de femme, un aux crayons noir et rouge, sur papier blanc, l'autre, non terminé, à l'estompe et au crayon noir, sur papier blanc.

224. Un dessin au crayon noir légèrement estompé, sur papier blanc. Étude de femme.

225. Une étude non terminée, à l'estompe, sur papier blanc, représentant une femme couchée.

226. Une étude d'après nature, pour la Galatée, dessinée aux crayons rouge et noir, sur papier blanc.

227. Tête de femme de profil; aux crayons noir et rouge, sur papier blanc, à l'estompe.

228. Esquisse aux crayons noir et blanc, sur papier jaune, d'une jeune fille vue jusqu'aux genoux.

229. Dessin au crayon noir et à l'estompe, sur papier blanc. Sujet de la mort de Clytie.

230. Tête de femme de trois quarts et coiffée d'un bonnet de dentelle, au crayon noir et à l'estompe, sur papier blanc. H. 8 p., l. 7 p.

231. Un portrait de femme à l'estompe, sur papier blanc, non terminé.

232. Une Erigone endormie, dessin légèrement indiqué au crayon et à l'estompe, sur papier blanc.

233. Études d'après nature, aux crayons noir et blanc et à l'estompe, sur papier de couleur, représentant quatre figures pour un sujet d'apothéose.

234. Dessin à l'estompe et au crayon, sur papier blanc, pour un portrait en pied d'un officier supérieur de cuirassier.

235. Deux études de jeune femme au crayon noir et à l'estompe, sur papier blanc, l'une jouant de la guitare, l'autre endormie.

236. Deux études sur une feuille, représentant des femmes dans des paysages; ces dessins sont au crayon noir et à l'estompe, sur papier blanc.

237. Académie dessinée d'après nature pour la composition de Pandore.

238. Jeune femme tenant son enfant endormi sur ses genoux; groupe au crayon légèrement estompé, sur papier blanc.

239. Un portrait de jeune femme de trois quarts, à l'estompe au crayon, sur papier blanc. Dessin peu fait.

240. Un autre de profil, aussi en buste, légèrement estompé.

241. Une femme vue jusqu'aux genoux, se détachant sur un fond de paysage. Dessin à l'estompe, sur papier blanc, peu fait.

242. Petite esquisse de portrait d'homme dans un paysage, et vu jusqu'aux genoux, à l'estompe, sur papier blanc.

243. Portrait de femme, la tête seule terminée, à l'estompe, sur papier blanc.

244. Petite tête d'enfant, vu de profil, aux crayons rouge et noir, sur papier blanc.

245. Dessin à la pierre d'Italie, sur papier blanc, d'après le gladiateur combattant.

246. Deux têtes d'après l'antique; une d'après la Vénus de Médicis, aux crayons noir et blanc, sur papier bleu; l'autre d'après la Sapho, à l'estompe et au crayon noir, sur papier blanc.

247. Tête d'Apollon, d'après l'antique, grande comme nature, à l'estompe et au crayon noir, sur papier blanc. Ce dessin est du plus précieux fini.

248. Autre dessin aussi très-soigné, au crayon, au pointillé, sur papier blanc; tête de Bacchante, d'après l'antique.

249. Dessin très-terminé, à l'estompe et au pointillé, sur papier blanc, d'après un torse antique.

250. Étude au pastel; buste de l'Amour, de grandeur de nature, pour le tableau de Galatée.

251. Groupe d'hommes et de jeunes filles; étude d'après nature, aux crayons noir et blanc, sur papier de couleur, pour une vignette d'Anacréon.

252. Deux feuilles d'études, au crayon noir, sur papier blanc, pour des sujets tirés de Racine et autres.

253. Deux études, au crayon, sur papier blanc, pour les saisons.

254. Un portrait d'homme, de profil et en buste, au crayon et à l'estompe, sur papier blanc.

255. Deux dessins, l'un au trait, l'autre lavé au bistre, sujet d'Hector quittant Andromaque pour aller combattre les Grecs.

256. Deux dessins, esquisses à la plume et au lavis; sujets de la fable, et du sacrifice d'Énée à son père Anchise.

257. Deux dessins, esquisses à la plume et au lavis; sujet d'Ajax Oilée sur le rocher Capharéen.

258. Composition et études séparées pour le sujet de Marius s'enfonçant dans les marais de Minturnes.

259. Riche composition à la plume, sur papier blanc; combat des Grecs et des Troyens.

260. Le Christ couronné d'épines, esquisse au crayon noir et à l'estompe.

261. Études d'après nature, aux crayons noir et blanc, sur papier de couleur; quatre figures pour la tragédie de Phèdre.

262. Études d'après nature, au crayon, sur papier blanc; trois figures pour celle d'Andromaque.

263. Études d'après nature, aux crayons noir et blanc, sur papier de couleur; trois figures pour la tragédie d'Andromaque.

264. Une étude d'après nature, au crayon, sur papier blanc; groupe pour le tableau de Galatée.

265. Dessin à la plume et au lavis, non terminé; sujet d'Hylas enlevé par les Naïades.

266. Deux dessins; une académie d'après nature, pour la Galatée, au crayon noir, à l'estompe, sur papier de couleur, non terminée; et une étude du profil de Pygmalion, aussi à l'estompe et au crayon noir, sur papier de couleur.

267. Étude d'après nature, aux crayons noir et blanc et à l'estompe, sur papier de couleur; groupe de la fille d'Acrisius et de l'Amour.

268. Une étude au crayon, sur papier blanc; groupe de Paul et Virginie.

269. Portrait d'une princesse, peu terminé, aux crayons noir et blanc, sur papier de couleur.

270. Portrait de femme, de profil, au crayon noir et à l'estompe, sur papier blanc.

271. Trois traits au crayon noir, sur papier blanc; compositions diverses: Esculape et Hygie, leçon d'anatomie, et Jésus parmi les docteurs.

272. Un groupe dessiné à l'estompe et au crayon noir, sur papier blanc, représentant un père et ses enfans.

273. Deux autres études, représentant chacune une mère tenant son enfant sur ses genoux.

274. Portrait en buste d'un vieillard à l'âge de 84 ans, aux crayons rouge et noir, sur papier blanc.

275. Etude de portrait de femme, de profil, en buste et

peu faite, au crayon et légèrement estompée, sur papi
blanc.

276. Portrait d'homme, de profil, à l'estompe, au cray
noir, sur papier blanc.

277. Portrait d'homme, de trois quarts, aux crayo
rouge et noir, sur papier blanc.

278. Deux portraits de femme, l'une de profil, l'autre d
trois quarts, au pointillé, au crayon noir, sur papie
blanc. *Forme ovale.*

279. Portrait d'un enfant de 13 ans, au crayon noir,
l'estompe et au pointillé, sur papier blanc.

280. Petit dessin, profil de femme, au crayon, sur papier
blanc.

281. Portrait d'homme, de profil, au crayon noir, un pe
estompé, sur papier blanc.

282. Trois compositions : deux au trait, au crayon, une
légèrement indiquée au fusain; sujets d'Ossian et d'histoire moderne.

283. Deux feuilles d'études de figures légèrement indiquées et draperies terminées, pour le déluge, aux crayons
noir et blanc, sur papier de couleur.

284. Six feuilles d'études partielles pour le déluge.

285. Deux études de draperies très-soignées, aux crayons
noir et blanc, sur papier de couleur, pour le tableau de
Galatée.

286. Deux études aux crayons noir et blanc, sur papier de couleur; figures indiquées et draperies finies, pour les saisons.

287. Deux esquisses à la plume, au lavis et aux crayons noir et blanc, non terminées; sujet du jugement de Pâris, et composition allégorique sur l'ambition.

288. Études de trois figures, d'après nature, au crayon noir, sur papier blanc, pour les vignettes de Phèdre de Racine.

289. Deux feuilles d'études d'après nature, pour les tragédies de Phèdre et d'Andromaque.

290. Études de quatre figures, d'après nature, pour la tragédie de Phèdre.

291. Trois autres pour la même tragédie.

292. Trois feuilles d'études de cinq figures, d'après nature, pour Andromaque.

293. Quatre portraits et projet de portrait, au crayon noir, sur papier blanc.

294. Douze études d'après nature, pour la plupart seulement indiquées aux crayons et à l'estompe, sur papier blanc et de couleur, offrant divers groupes, figures entières et têtes.

295. Dix feuilles d'études de draperies, aux crayons noir et blanc, sur papier de couleur.

296. Trois études nues et habillées, pour des portraits d'hommes, sur papier de couleur, aux crayons noir et blanc.

297. Deux têtes de femme : une de profil, au crayon ; l'autre, en buste, ajustée en Érigone.

298. Sept croquis et études, sur papier blanc et de couleur, pour les sujets de la naissance de Vénus, de Danaé, de la boîte de Pandore, etc.

299. Huit compositions et croquis au trait, sur papier blanc; sujets de l'histoire romaine et autres, dont la mort de Virginie, Mucius Scévola, etc.

300. Sept croquis, sujets d'histoire et de la fable, dont Alexandre chez Appelles.

301. Neuf croquis, sujets du départ et du retour du guerrier, Apollon faisant danser l'Amour et les Grâces, etc.

302. Un dessin esquisse, rehaussé au crayon blanc, représentant Paul et Virginie.

303. Un autre, représentant une religieuse, esquisse d'une vignette pour un ouvrage moderne.

304. Trois compositions de batailles et autres, à la plume et au crayon.

305. Sept feuilles de croquis et compositions à la plume, dont les sujets de Socrate et Alcibiade, des reproches d'Hector à Pâris.

306. Deux traits et un croquis; sujet d'Hippocrate refusant les présens d'Artaxercès.

307. Dix croquis au crayon, au lavis; compositions pour la tragédie de Phèdre et autres.

308. Dix croquis à la plume; figures allégoriques et compositions pour l'Iliade et batailles.

309. Cinq croquis, dont deux compositions pour les tragédies de Racine, nymphe surprise par un satyre, etc.

310. Sept croquis au crayon, sur papier blanc; figures allégoriques et danses de nymphes.

311. Six croquis et traits au crayon; compositions du serment des sept chefs, Diane et Endymion, etc.

312. Deux feuilles d'études d'après nature, au crayon, sur papier blanc; figures d'homme et études diverses pour le tableau d'Ossian.

313. Cinq esquisses au lavis et à la plume; compositions pour l'Énéide de Virgile.

314. Huit croquis au crayon et à l'estompé; compositions de divers sujets de la fable et des poésies d'Anacréon.

315. Dix croquis et traits au crayon, pour les saisons; groupes et compositions diverses.

316. Sept croquis au crayon, sur six feuilles; compositions et détails pour des sujets d'Ossian.

317. Six croquis et traits à la plume et au crayon, dont un sujet d'Anacréon.

318. Dix croquis; sujets divers, dont Mucius Scévola, composition et allégorie, au crayon, sur papier blanc.

319. Sept compositions au crayon et à la plume, dont Hector traîné par Achille, Archimède, etc.

320. Trois croquis; première pensée pour les révoltés du Caire.

321. Quatre dessins, esquisses à l'estompe et au crayon, dont l'éducation de la Vierge.

322. Cinq croquis; premières pensées pour le déluge et pour les poésies d'Ossian.

323. Six études de plantes et de paysages, au crayon et peintés à l'huile sur papier.

324. Huit croquis à la plume; groupes, figures et compositions, dont plusieurs pour des sujets de l'histoire moderne.

325. Cinq croquis au crayon; compositions sujets de la fable, dont Jupiter et Sémélé, Clytie, etc.

326. Douze croquis à la plume et au crayon, dont la Madeleine pénitente.

327. Huit croquis au crayon; combats et sujets divers.

328. Neuf croquis et traits à la plume, la plupart sujets d'histoire moderne.

329. Une suite de quarante-neuf feuilles de compositions, la plupart au trait, et de quelques croquis partiels pour des sujets des métamorphoses d'Ovide. Il y en a quelques-unes doubles.

330. Une suite de vingt compositions pour l'histoire des amours d'Héro et Léandre. Les unes esquissées aux crayons noir et blanc, sur papier bleu; les autres seulement au trait, et trois terminées à l'estompe et au crayon noir, sur papier blanc.

331. Onze feuilles de croquis à la plume; compositions pour des sujets des églogues de Virgile.

332. Une collection de soixante-six dessins, croquis arrêtés et contre-épreuves; groupes, figures et bustes d'après les statues antiques, dont plusieurs ont été enlevées du Musée. Ces dessins, au crayon, sur papier blanc, portent la date de 1815. Cet article pourra être divisé.

333. Huit dessins au crayon noir, sur papier blanc, dont six d'après Raphaël, la plupart datées de 1815.

334. Plusieurs croquis; sujets divers, compositions, imitation des étrusques, au crayon et à la plume, sur papier blanc. Cet article sera divisé.

335. Plusieurs feuillets de livres de croquis, de la jeunesse de M. Girodet; croquis, études et compositions, paysages, caricatures, etc. Cet article sera divisé.

336. Plusieurs esquisses de portraits et portraits non terminés. Cet article sera divisé.

337. Plusieurs feuilles de calques, d'après différens ouvrages; groupes, figures, têtes et accessoires, étrusques et antiques, etc. Cet article sera divisé.

338. Trois traits sur des toiles et panneaux; sujets allégoriques sur la naissance du duc de Bordeaux, Vénus aphrodite, Mars et Vénus surpris par Vulcain.

339. Quatre contre-épreuves; sujets d'Énée et Anchise aux champs Élysées, et de l'invention du dessin.

340. Quatre contre-épreuves; sujets de Héro et Léandre, Érigone.

341. Quatre contre-épreuves; sujets de vignettes et celui d'Appelles et Campaspe.

342. Cinq contre-épreuves de têtes et torses, d'après l'antique.

343. Quatre contre-épreuves; études pour le tableau de Pygmalion.

344. Quatre autres.

345. Plusieurs contre-épreuves de groupes, figures, costumes divers, accessoires et caricatures, qui seront divisés sous ce numéro.

346. Plusieurs contre-épreuves de portraits, qui seront divisés sous ce numéro.

347. Vingt-trois livres de croquis; dont un riche en

études et croquis de compositions et paysages, et un de la main de M. le baron Gros.

348. Les dessins et croquis de M. Girodet, qui auront pu être omis, seront vendus sous ce numéro.

COPIES, ÉBAUCHES,

Esquisses et Études peintes, faites dans l'École de M. Girodet. *

349. Le portrait de M. le vicomte de Châteaubriant, copié d'après celui qui a été exposé au Salon. H. 47 p. l. 36 p.

350. Petite copie, très-terminée, d'après l'Endymion. B. l. 12 p. h. 9 p.

351. Dix esquisses sur papier vernis, faites sous les yeux et d'après les dessins de M. Girodet; quelques-unes retouchées par lui. Ces esquisses ont été faites pour plusieurs sujets exécutés pour le château de Compiègne. Ces sujets sont : le départ du guerrier, le combat et la victoire; deux figures, Mercure et Bacchus; deux autres figures, représentant des Naïades; un groupe de Minerve, Apollon et Mercure; Apollon faisant danser les Grâces, et Pan faisant danser deux nymphes et un jeune berger. Cet article sera divisé.

* La plupart de ces copies ou études, ont été faites sous les yeux de M. Girodet, et beaucoup ont été retouchées par lui.

352. Esquisse d'après le tableau de Galatée, sur papier.

353. Une autre du sujet de l'Aurore quittant Titon.

354. Ébauche d'un tableau; sujet de l'Aurore quittant Titon, peinte d'après les dessins de M. Girodet et retouchée par lui. T. h. 55 p. l. 45 p.

355. Un portrait de jeune femme, retouché dans plusieurs parties par M. Girodet. T. h. 21 p. l. 17 p.

356. Étude d'après une des têtes des révoltés du Caire, Turc mort. T. l. 24 p. h. 20 p.

357. Études de trois têtes de prélats. T. l. 30 p. h. 24 p.

358. Étude très-terminée, d'après l'Atala, seulement jusqu'au buste. T. l. 22 p. h. 19 p.

359. Études de deux têtes de villageoise et paysan. T. l. 30 p. h. 24 p.

360. Étude très-terminée, d'après l'Amour du tableau d'Endymion, vu en buste avec les bras et les mains. T. l. 22 p. h. 18 p.

361. Trois études peintes d'après la tête du père Aubry et celle de Chactas, du tableau d'Atala. Elles seront vendues séparément.

362. Une étude ébauchée d'après une des têtes des révoltés du Caire. T. h. 21 p. l. 16 p.

363. Une copie d'une tête de Turc, grandeur de nature. T. h. 20 p. l. 16 p.

564. Tête de vieillard faite d'après nature dans l'école de M. Girodet.

565. Plusieurs esquisses sujet de la fable et d'autres, dont Philemon et Baucis recevant Jupiter et Mercure; Young enterrant sa fille. Ces esquisses seront divisées sous ce numéro.

566. Plusieurs figures et portraits, têtes ébauchées d'après M. Girodet, et d'après nature, qui seront divisées sous ce numéro.

Dessins faits dans l'École de M. Girodet, et d'après ses Ouvrages.

567. Un dessin considérable au crayon, à l'estompe et au lavis, sur papier blanc, d'après le tableau d'Ossian, par M. Châtillon. M. Girodet a augmenté la composition, y a ajouté plusieurs figures, et l'a retouchée dans quelques parties. H. 36 p. l. 31 p.

568. Un autre dessin, aussi très-fini, au crayon, à l'estompe et au lavis, sur papier blanc, d'après l'Endymion. Ce dessin fait par M. Châtillon pour l'estampe qu'il en a gravée, a été retouché dans quelques parties par M. Girodet. L. 17 p. h. 15 p.

569. Dessin au crayon noir, estompé et pointillé, sur papier blanc, par M. Thil, d'après le tableau de Galatée; ce dessin

a été retouché dans presque toutes ses parties par M. Girodet. Une lettre de lui, écrite au sujet de l'estampe qu'il en voulait faire graver, atteste qu'il a fait ces retouches avec le plus grand soin, et qu'il les a continuées tant qu'il a trouvé quelque chose à y faire. H. 17 p. l. 14 p.

370. Un dessin au crayon noir et à l'estompe, sur papier blanc, partie du tableau d'Ossian; il offre trois jeunes filles, dont deux à mi-corps.

371. Autre partie de la composition d'Ossian, offrant quatre têtes de jeunes filles et trois de vieillards, à l'estompe et au crayon, sur papier blanc.

372. Autre partie, celle de la Victoire portant les palmes et les lauriers, dessinée aux trois crayons, sur papier blanc.

373. Autre partie de la composition; deux nymphes, deux guerriers et quelques indications de tête.

374. Autre partie, Ossian et plusieurs bardes et guerriers.

375. Autre partie dessinée à l'estompe et au crayon noir, sur papier blanc; deux jeunes filles à mi-corps, présentant des fleurs.

376. Autre partie dessinée aux trois crayons; jeune fille jouant de la harpe, et indications de têtes de guerriers.

377. Autre partie dessinée au crayon et à l'estompe, sur papier blanc. Celle où l'on voit les généraux Kléber, Desaix, Marceau, etc.

378. Autre partie représentant un barde et des jeunes filles, dessinée au crayon et à l'estompe, sur papier de couleur.

379. Autre partie représentant un barde et trois jeunes filles, dessinée au crayon et à l'estompe sur papier blanc.

380. Autre dessin, groupe de guerriers du barde, la composition à l'estompe et aux trois crayons sur papier blanc.

381. Dessin au crayon noir et à l'estompe, sur papier blanc, d'après le tableau d'Ossian, représentant un guerrier scandinave.

382. Un autre dessin au crayon noir et à l'estompe sur papier blanc, d'après la partie du tableau d'Ossian, représentant les guerriers français.

Ces Dessins, faits avec le plus grand soin par les Élèves de M. Girodet, et sous ses yeux, ont été pour la plupart retouchés par lui, et ont servi pour les lythographies.

383. Quatre dessins à l'estompe et au crayon noir, sur papier blanc, d'après les compositions de M. Girodet, représentant des génies; en partie retouchés par M. Girodet.

384. Les portraits de Michel-Ange et de Léonard de Vinci, croquis faits à Florence pour M. Girodet, plusieurs esquisses, dont l'enterrement de Pompée, etc. Cet article sera divisé.

385. Une collection de 50 contre-épreuves et dessins d'a-

4.

natomie, la plupart aux crayons rouge et noir, et dont quelques-uns de M. Girodet.

386. Plusieurs études, figures d'après nature, qui seront divisées sous ce numéro.

387. Plusieurs dessins et contre-épreuves d'après l'antique, dont quelques-uns sont retouchés par M. Girodet. Cet article pourra être divisé.

388. Les ouvrages de tout genre de l'école de M. Girodet qui auront pu être omis, seront vendus sous ce numéro.

DEUXIÈME PARTIE.

TABLEAUX, DESSINS, ESTAMPES, RECUEILS, OBJETS DIVERS D'ANTIQUITÉS ET MÉDAILLES, ARMURES, MEUBLES CURIEUX, RICHES COSTUMES, FIGURES, BUSTES ET FRAGMENS DIVERS, MOULÉS SUR L'ANTIQUE, COMPOSANT LE CABINET DE M. GIRODET; BELLES PELLETERIES DE DIVERS ANIMAUX RARES; BOITES A COULEURS, MANNEQUINS, CHEVALETS A MÉCANIQUE; COULEURS ET AUTRES OBJETS RELATIFS AUX ARTS.

Tableaux anciens et modernes des trois Ecoles.

BASSAN.

389. Le Christ dans la cour du prétoire ; le sujet est représenté éclairé par des flambeaux. T. l. 30 p. h. 23 p.

BIBIENNA.

390. Point de vue d'architecture de monumens d'Italie, orné de figures. T. l. 27 p. h. 22 p.

BOURDON (Sébastien).

391. Paysage composé dans le style du Poussin, orné de

figures, parmi lesquelles on remarque un groupe de femmes près d'une fontaine. T. l. 34 p. h. 24 p.

CHAVANNES.

392. Un paysage riche de composition, orné de fabriques ; il est ombragé par de hauts arbres et traversé par une rivière. On y remarque différens groupes de figures, en avant des bergers près de leurs troupeaux, et plus loin des baigneurs. T. l. 34 p. h. 29 p.

CARRACHE (école de Louis).

393. Saint-François à genoux et en prières, les yeux levés au ciel. T. h. 12 p. l. 9 p. 1/2.

GASPRE DUGHET.

394. Un paysage terminé vers l'horizon par de hautes montagnes, séparées des premiers plans par des masses d'arbres élevés; on remarque en avant quelques figures. T. l. 36 p. h. 29 p.

395. Deux tableaux représentant la campagne aux environs de Rome. Sur les plans éloignés on voit quelques fabriques ; dans l'un on remarque une touffe d'arbres, et deux pâtres se reposant; dans l'autre on voit des cascades au milieu de montagnes et de touffes d'arbres. L. 17 p. 1/2 h. 13 p.

396. Paysage montagneux; on remarque deux figures sur le devant. T. l. 16 p. h. 13 p.

397. Paysage où l'on voit en avant des touffes d'arbres et

des fabriques sur les plans éloignés; on remarque aussi quelques figures en avant. T. l. 23 p. h. 17 p.

Même école.

398. Paysage dont le devant est frappé par un coup de soleil; on y voit quelques figures près d'une rivière, et plus loin des fabriques. T. l. 36 p. h. 30 p.

399. Un paysage orné de quelques figures. T. l. 11 p. 1/2 h. 8 p.

400. Un autre paysage aussi orné de figures; les fonds sont occupés par de hautes montagnes et des fabriques. L. 20 p. h. 12 p. 1/2.

401. Paysage, site d'Italie, orné de figures. T. l. 9 p. h. 6.

GÉRARD (M. le baron).

402. Caïus Marius ramené dans Rome par les légions révoltées. D'après le signal convenu, ses satellites tuent sans pitié ceux qui viennent le saluer et à qui il ne rend pas le salut. Cette belle esquisse peinte a été donnée par l'auteur à M. Girodet. T. l. 11 p. h. 8 p. 1/2.

GOYEN (Van).

403. Un tableau en hauteur; point de vue d'un canal en Hollande. B. h. 13 p. l. 6 p. 1/2.

GRIMALDI (Francesco, *dit* LE BOLOGNÈSE).

404. Paysage, sur le devant duquel on voit une cascade,

une figure sur une route, et plus loin des fabriques. T. l. 16 p. h. 13 p.

405. Paysage garni d'arbres élevés, où l'on voit des fabriques sur les plans éloignés; on y remarque aussi plusieurs groupes de figures. T. l. 22 p. h. 16 p.

GROS (M. le baron).

406. Le portrait de M. Gros, peint par lui-même, dans sa jeunesse. Il est de grandeur de nature, coiffé en cheveux longs et ajusté d'une draperie blanche. Ce portrait est un gage d'amitié réciproque, donné à M. Girodet en échange du sien, lorsqu'ils demeuraient ensemble à Gênes. T. h. 18 p. l. 3 p.

JANET (attribué à CLOUET, dit).

407. Portrait d'homme, en buste, coiffé d'une toque noire. H. 16 p. l. 13 p.

LARGILLIÈRE.

408. Portrait de l'auteur, grandeur de nature; forme ovale. T. h. 25 p. l. 19 p.

LEMAIRE POUSSIN.

409. Paysage orné de divers monumens d'architecture. On y remarque aussi quelques figures. T. h. 24 p. l. 18 p.

LÉONARD DE VINCI (d'après).

410. Bonne et ancienne copie, d'après la Joconde. T. h. 27 p. l. 19 p.

LETELLIER (M.).

411. Paysage, site d'Italie, dont la partie du milieu, au premier plan, est frappée par le soleil. T. l. 56 p. h. 29 p.

LUNDENS.

412. L'intérieur d'une forge, effet de lumière. B. h. 10 p. l. 9 p.

MARTIN.

413. Deux tableaux touchés en esquisses; sujets de chasse. T. l. 34 p. h. 16 p.

MÉNAGEOT.

414. Esquisse peinte pour le sujet de Léonard de Vinci mourant dans les bras de François Ier. T. l. 20 p. h. 19 1/2.

MICHALON.

415. Étude peinte du Tibre à Ponte Mole. T. l. 14 p. h. 10.
416. Étude du bord de la mer, en Sicile. T. l. 14 p. h. 10 p.
417. Vue de l'Etna, prise de Catagna. T. l. 14 p. h. 9 p.
418. Étude peinte, vue d'une partie du Vésuve. T. h. 17 p. l. 11 p.
419. Étude peinte de la vallée de Tivoli. T. l. 16 p. h. 11 p.
420. Étude peinte; rivage et rochers dans la mer.
421. Deux études peintes, une sur papier et une sur toile; vues de ville et de fabriques.

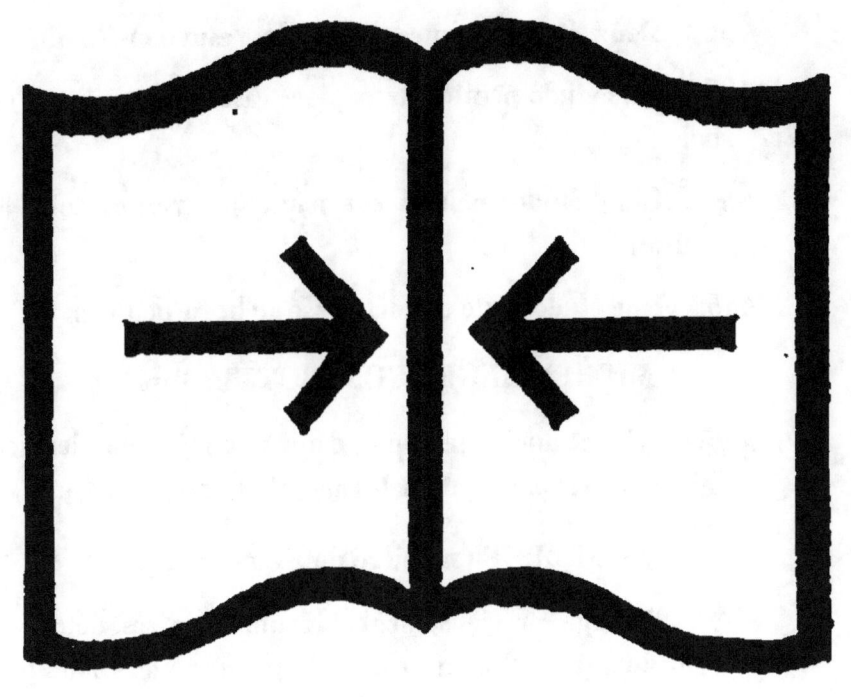

**RELIURE SERRÉE
ABSENCE DE MARGES INTÉRIEURES**

VALABLE POUR TOUT OU PARTIE DU DOCUMENT REPRODUIT

422. Deux études peintes d'après le Vésuve et Pestum.

423. Une étude peinte sur papier: cascade au milieu d'un bois.

424. Cinq études peintes sur papier; caverne, toits de maison, etc.

425. Une étude; vue de forteresse au bord de l'eau.

MICHEL-ANGE BUONAROTTI (d'après).

426. Belle et ancienne copie, d'après le jugement dernier, faite dans l'école de Michel-Ange. T. h. 70 p. l. 54 p.

MILLET (manière de Francisque).

427. Paysage précieusement exécuté dans ses détails et orné de figures. Forme ronde. Pap. sur toile. Diam. 9 p.

MURILLO (d'après).

428. Copie d'après le tableau du Musée royal, représentant un jeune mendiant. T. h. 49 p. l. 36 p.

PATEL.

429. Paysage montagneux, couvert de diverses touffes d'arbres et éclairé par le soleil levant. On remarque, en avant, deux figures près d'une rivière. T. l. 13 p. h. 10 p.

PEQUIGNOT.

430. Paysage où l'on voit une masse d'arbres ombrageant une prairie près d'une rivière; de hautes montagnes terminent les fonds. Le peintre a placé en avant le sujet de Mercure prêt à tuer Argus. T. l. 16 p. 1/2. h. 13 p.

1. Un paysage, dont les fonds sont occupés par de hautes montagnes, et le milieu par un lac. On voit, en avant, des débris de rochers, des touffes d'arbres et des détails de diverses plantes. T. l. 13 p. h. 9 p. 1/2.

52. Paysage dont les premiers plans ne sont pas terminés; les plans éloignés offrent des bouquets d'arbres au bord d'une rivière. L. 17 p. h. 14 p.

POELEMBURG (Corneille).

33. Paysage, où l'on remarque trois figures sur le devant; les fonds sont ornés de quelques fabriques et de montagnes. Tableau très-fini. B. l. 6 p. h. 5 p.

POUSSIN (Nicolas).

434. Martyre de saint Erasme, esquisse terminée, parfaitement touchée. T. h. 22 p. l. 15 p.

435. Pyrrhus enfant, sauvé par les zélés serviteurs d'Eacides, son père, roi des Molosses, M. Girodet et plusieurs connaisseurs ont constamment regardé ce tableau comme une répétition du Poussin, faite après celui qui fait partie du Musée. Nous soumettons cette opinion aux amateurs que nous engageons à examiner le tableau avec soin. l. 52 p. h. 44 p.

436. Un autre tableau, touché facilement, qui pourrait passer pour une esquisse du Poussin dans sa vieillesse, à cause de l'esprit de la composition. C'est une allégorie connue sous le nom du coup de massue, critique contre

les ennemis du Poussin. Nous renvoyons les amateurs
catalogue de M. Dufourny, qui, ainsi que M. Gir
regardait ce tableau comme une production du Pous
T. l. 36 p. h. 28 p.

D'après *le même*.

437. Bonne et ancienne copie que l'on peut attribuer
pinceau de Stella; sujet de Moïse foulant aux pieds
couronne de Pharaon. T. l. 51 p. h. 36 p.

438. Une composition de danse de nymphes. T. l. h.

439. Ancienne copie; sujet d'Armide faisant transporte
Renaud endormi. T. l. 52 p. h. 41 p.

RIGAUD (Hyacinthe).

440. Portrait de Louis XIV, en pied et en manteau royal
tableau très-fini et précieux dans tous ses détails. T
h. 34 p. l. 24 p.

ROBERT.

441. Paysage en hauteur, où l'on remarque quelques ruines et des figures. B. h. 13 p. l. 6 p. 1/2.

SALVIOUSSE.

442. Un paysage des environs de Rome, orné de diver
monumens d'architecture, et de figures et animaux; c
tableau est des plus importans de ce peintre. T. l. 53 p
h. 34 p.

LESUEUR (ou son école).

443. Esquisse pour un sujet de plafond représentan

Apollon dans son char entouré des Heures. T. ovale,
l. 22 p. h. 19 p.

TEMPESTE.

. Paysage, site montagneux et pittoresque, orné de
figures. T. l. 18 p. h. 15 p.

TENIERS (David fils).

5. Paysage en partie frappé par le soleil; on y remarque
quelques figures sur le premier plan. B. l. 12 p. h. 10 p.

46. Petit tableau où l'on voit des singes fumant leurs
pipes, et divers accessoires. C. l. 8 p. h. 6 p.

THERBURG (Gérard).

7. Petit portrait d'homme habillé de noir, et vu en
buste. B. h. 5 p. l. 4 p.

TINTORET (attribué à J. Robusti, *dit* le).

448. Saint-Roch guérissant les malades; esquisse peinte
avec sentiment et qui rappelle parfaitement les ouvrages
de ce maître. T. l. 49 p. h. 24 p.

VALENCIENNES.

449. Une étude vue de colisée. T. l. 22 p. h. 18 p.

450. Trois grandes études à l'huile sur papier, offrant des
fabriques, des arbres et des fonds.

451. Trois autres grandes études de fonds, cascades, premiers plans, arbres et lointains.

452. Deux grandes et deux moyennes de montagnes, briques, fonds et arbres.

453. Cinq moyennes et petites études de ciel, fabriques arbres et broussailles.

454. Six moyennes et petites études de ciels, fonds, ea arbres, broussailles et fabriques.

455. Trois moyennes études, broussailles, eaux et briques.

456. Six moyennes et petites études, fabriques, fonds arbres et rochers.

457. Six moyennes et petites études, fabriques, arbre et fonds.

458. Six moyennes et petites études, ciels, fonds, fabriques, eaux et montagnes.

459. Quatre moyennes et petites études, ciel d'orage, arbres, fabriques et fonds.

460. Quatre moyennes et petites études, fabriques, montagnes, arbres et ciel.

VALS CAPEL.

461. Tableau représentant des fleurs dans une corbeille. T. l. 18 p. h. 14 p.

462. Vue d'une des salles du musée des Augustins. T. h. 23 p. l. 20 p.

463. Paysage de style historique; on y remarque près d'un temple dédié à Mercure quelques jeunes gens tirant de l'eau. B. l. 9 p. h. 7 p. 1/2.

464. Ancienne copie d'après la noce aldobrandine. T. l. 35 p. h. 13 p.

465. Paysage traversé par une rivière, effet de clair de lune. T. l. 12 p. h. 9 p.

466. Quatre études, têtes de vieillards sur une seule toile. L. 18 p. h. 15 p.

467. Irruption du Vésuve, ébauche avancée. T. l. 30 p. h. 27 p.

468. La Madeleine, copie d'après le Guide. T. h. 34 p. l. 26 p.

469. Douze anciennes copies d'après Raphaël et le Dominiquin; diverses études et fragmens de tableaux seront divisés sous ce numéro.

470. Plusieurs portraits d'après Rembrandt, Gonsales Cocques, et dans la manière de Vouet, seront divisés sous ce numéro.

471. Quelques petits tableaux de l'école de Cranack, Téniers, Momper, Francisque, etc., qui seront divisés sous ce numéro.

472. Plusieurs esquisses de l'école française, attribuées à Doyen, Lebrun, Bourdon, Barthélemi, etc., seront divisées sous ce numéro.

Dessins anciens et modernes des trois Écoles, encadrés et en feuilles.

473. Quatre cariatides dessinées d'une plume large sur papier blanc.

BOICHOT.

474. Dessin à l'encre de la Chine, aux crayons noir et blanc, sur papier bleu; sujet de Vénus et Mars surpris par Vulcain.

BOUCHER (François).

475. Jeune fille vue en buste et tenant une rose, à divers crayons, sur papier bleu.

476. Jeune fille vue en buste, aux trois crayons, sur papier coloré.

477. Deux jeunes paysans endormis dans un paysage; dessin aux crayons noir et blanc, sur papier bleu.

478. Jeune fille tenant un oiseau.

M. BOUILLON.

479. Dessin très-terminé, au crayon noir, à l'estompe et au lavis, sur papier blanc, d'après le tableau d'Hippocrate refusant les présens d'Artaxercès. C'est d'après ce dessin que l'estampe a été gravée. L. 22 p. h. 16 p.

CLAUDE GELÉE (*dit* LE LORRAIN).

480. Dessin au bistre, sur papier blanc; paysage fait à la Vigne-Madame.

M. DAVID.

481. L'ombre de Septime-Sévère apparaissant à Caracalla, après le meurtre de son frère Geta. Cette belle esquisse est dessinée à la plume et au lavis à l'encre de la Chine, sur papier blanc. L. 13 p. h. 9 p.

GREUZE.

482. Une tête de jeune femme blonde, vue de face, dessinée au pastel.

483. Une tête de jeune fille, aux crayons rouge et noir et à l'estompe, sur papier blanc.

M. INGRES.

484. La maladie d'Antiochus, composition de quatre figures, à la mine de plomb et légèrement lavé, sur papier blanc.

485. Une communion, composition de quatre figures, aussi à la mine de plomb et légèrement lavé, sur papier blanc.

JEAN D'UDINE.

486. Motif d'arabesques; dessin à la plume et au lavis, sur papier blanc.

Signé JITTA LUSIER, 1785.

487. Aquarelle très-finie, offrant une vue développée de Naples.

MENAGEOT.

488. Un dessin terminé, à l'estompe et au crayon, sur papier blanc; sujet de Léonard de Vinci mourant dans les bras de François Ier.

MICHALON.

489. Six études au trait, sur papier blanc : Taormine, l'Etna, Pestum, etc.

PEQUIGNOT.

490, 491, 492, 493. Quatre dessins très-importans, lavés, au bistre et à la plume, sur papier blanc, offrant des paysages de sites variés. Dans le premier, on voit des temples, et l'on remarque divers groupes de nymphes; dans le second, des tombeaux ombragés par des arbres élevés; dans le troisième, des tombeaux, des statues et deux figures; et dans le dernier, le peintre a placé en avant le sujet de Narcisse. L. 27 p. h. 19 p.

494. Marius sur les ruines de Carthage; dessin lavé, au bistre et à la plume, sur papier blanc.

495. Deux paysages à la plume et à l'encre de la Chine; sites d'Italie composés de fabriques groupées au milieu d'arbres variés, et enrichis de figures.

496. Un paysage, dont le fond est très-vaporeux, dessiné au crayon, sur papier blanc. On y remarque une figure de femme endormie.

497. Deux paysages au crayon noir, sur papier blanc. On

y remarque des tombeaux au milieu d'arbres variés et touffus. Ces paysages pourraient aussi être de M. Girodet.

POLYDORE.

498. Un vase enrichi de bas-reliefs, dessiné à la plume et au lavis, sur papier blanc.

POUSSIN (Nicolas).

499. Un dessin fait dans la vieillesse de Poussin, composition poétique; sujet de Bacchus confié aux Nyséides par Mercure. Ce dessin est à la plume et lavé au bistre, sur papier blanc.

M. THIBAULT.

500. Deux aquarelles; l'une offre un tombeau qui se détache sur des arbres variés, et quelques figures dans le fond; l'autre, un jardin enrichi de statues.

RAPHAEL.

501. La Vierge, vue en buste et tenant l'enfant Jésus. Dessin au crayon noir, légèrement lavé et estompé, sur papier blanc. Forme ovale. H. 16 p. l. 13 p.

Par le même.

502. Deux autres dessins, que M. Girodet attribuait à Raphaël; fragmens de composition, au crayon. Ces dessins ont été piqués.

M. WICAR.

503. Deux académies, dessinées au crayon rouge.

504. Une gouache de l'école allemande, portant la date de 1520. Elle est tirée d'un psautier de l'abbaye de Saint-Paul. Sujet du Christ sur les genoux de la Vierge; composition de cinq figures.

505. Quatre feuilles de vingt-deux dessins; masques, détails d'architecture, etc., par J. Romain.

506. Trois dessins attribués à Michel-Ange et Baccio Bandinelli.

507. Trois dessins par Parmesan et Primatice.

508. Six autres attribués au Carrache, Tintoret, Procaccini, etc.

509. Six autres de Cavedone, Carrache, etc.

510. Quatorze dessins et croquis, par Bourguignon, Salvator, Velasquez, etc.

511. Sept dessins, par Solimène, Lanfranc, Zamlti, etc.

512. Sept dessins, par Cavedone, Palme, Tintoret, etc.

513. Onze dessins, par Tiepolo, Cangiage, etc.

514. Douze dessins et croquis, par Mola, Carrache, Cangiage, etc.

515. Quatre dessins et croquis; sujets et paysages, par Poussin, M. David, et de l'école.

516. Quatre feuilles d'études d'enfans, attribuées au Corrège, au Guide, à l'Albane.

517. Quatre feuilles de dessins, par Bartolozzi et dans sa manière.

518. Cinq paysages, attribués au Claude, Guaspre, Momper, etc.

519. Six dessins, croquis et composition; attribués au Parmesan, Carrache, Guide, etc.

520. Quatre dessins en trois feuilles; caricatures; par L. de Vinci; portraits de Velasquez, etc.

521. Quatre compositions, dont plusieurs par Bloëmart.

522. Dix-huit feuilles de croquis, études d'ornemens, etc. par différens maîtres.

523. Quatre paysages, dont deux modernes, un de Vander Doës, etc.

524. Huit dessins, par Lahire, école du Guerchin, Lanfranc, etc.

525. Vingt dessins et croquis, par Pujet, Perelles, Boulogne, etc.

526. Huit dessins de Rembrandt et de son école; sujets, portraits et caricatures.

527. Treize dessins, contre-épreuves et copies; sujets, paysages et figures, par Moitte, Fragonard, etc.

528. Dix-sept dessins au crayon et quelques contre-épreuves, par Robert et Fragonard.

529. Douze dessins, épreuves et contre-épreuves; études de paysages, par Robert, Berthelemy, etc.

530. Quatorze dessins, dessins-croquis; études de paysages, par Robert, Berthelemy, etc.

531. Vingt dessins et contre-épreuves; paysages, par Robert, Fragonard, etc.

532. Vingt-neuf études au crayon et au lavis, la plupart par Valenciennes et Berthelemy.

533. Vingt-cinq dessins et contre-épreuves; paysages, la plupart par Robert et Fragonard.

534. Vingt-neuf dessins; paysages, par Moreau, Fragonard, Robert, etc.

535. Vingt-neuf dessins, études et croquis, faits pour la plupart à Rome, par Valenciennes. Cet article sera divisé.

536. Quarante études, dessins et contre-épreuves; paysages, la plupart par Robert, Fragonard, Valenciennes et Berthelemy.

537. Trente dessins et contre-épreuves, des mêmes.

538. Vingt dessins, au crayon et au lavis, et contre-épreuves; la plupart par Fragonard, Robert et Valenciennes.

539. Dix-sept dessins au trait, au crayon, sur papier blanc; vues d'Italie, de Valenciennes, Berthelemy et autres.

540. Un cahier contenant un choix d'environ deux cents croquis, calques, académies, compositions, tant à la plume qu'au crayon, par Wicar.

541. Un portefeuille contenant deux cents études d'animaux, paysages, ustensiles de chasse; la plupart dessins

et contre-épreuves, et les autres peintes à l'huile sur papier.

542. Plusieurs dessins indiens et chinois, tant encadrés qu'en feuilles, seront divisés sous ce numéro.

543. Les dessins qui auront pu être omis, tant sujets que paysages et études, seront divisés sous ce numéro.

Estampes et Lithographies encadrées et en feuilles; Œuvres, Recueils, Galeries et Cabinets, Voyages, Livres à Figures, Livres sur les Arts; Planches gravées d'après M. Girodet; Pierres lithographiées d'après M. Girodet, Cuivres et Pierres à Lithographies.

Estampes encadrées et en feuilles, et planches gravées et à graver.

544. M. ALLAIS. Van-Dick peignant son premier tableau. D'après M. Ducis.

545. AUDRAN GERARD. Cinq des batailles et triomphes d'Alexandre. D'après Lebrun; *encadrés.*

546. BALECHOU. La tempête. D'après J. Vernet; *encadrée.*

547. BARTOLI (P. S.). Soixante-dix estampes d'après l'antique et d'après Raphaël.

548. M. BLOT. Marcus Sextus, d'après M. Guérin.

549. BOISSIEU. Trois eaux-fortes; le maître d'école, le joueur de trompette, le tonnelier.

550. BOURDON. Trente eaux-fortes, dont les œuvres de miséricorde.

551. M. DESNOYERS. Phèdre et Hippolyte, d'après M. Guérin; *lettres grises.*

552. DURER ALBERT. Trente-huit estampes, dont la passion, la mélancolie, plusieurs sujets de Vierge, etc. Cet article sera divisé.

553. M. FORSTER. Camée antique, quatre têtes d'empereurs; *épreuves avant la lettre, sur papier de soie.*

554. M. GIRARDET (A. B.). La transfiguration, d'après Raphaël.

555. M. GODEFROY. Ossian, d'après M. Gérard; *encadré.*

556. M. LAUGIER. Le zéphyr, d'après Prud'hon, *lettres grises;* Héro et Léandre et le pendant, d'après M. Delorme, *épreuve avant la lettre, sur papier de soie;* Daphnis et Chloé, d'après M. Hersent, *épreuve avant la lettre, sur papier de soie;* le portrait de madame de Staël, d'après M. Gérard, *épreuve avant la lettre, sur papier de soie.* Ces estampes seront vendues séparément.

557. M. LIGNON. Le portrait de mademoiselle Mars, d'après M. Gérard; *épreuve avant la lettre.*

558. LUCAS DE LEYDEN. Trente estampes, dont les sujets de la Passion. Cet article sera divisé.

559. MANTUAN (Ghisi, *dit* Georges). Deux suites des pendentifs, d'après Michel-Ange; l'école d'Athènes et la dispute du Saint-Sacrement, la calomnie, le jugement de Pâris, Vénus et Adonis, Hercule, et plusieurs autres estampes, belles d'épreuves, d'après Michel-Ange, Raphaël, Jules Romain, etc., qui seront divisées sous ce numéro.

560. MARC-ANTOINE (Raimondi). Sujet allégorique, d'après Mantegne; deux épreuves du massacre des Innocens; le triomphe de Galatée; le martyre de saint Laurent, épreuve fatiguée; et diverses autres estampes d'après Raphaël, J. Romain, etc., qui seront divisées sous ce numéro.

561. MM. MASSARD (J. B. L. et R. T.) Le silence de la Vierge, d'après Raphaël; sujet mystique, d'après Raphaël, connu sous le nom des cinq saints; *épreuve avant la lettre;* la prédication de saint Paul, d'après Lesueur, *épreuve avant la lettre;* la sainte Cécile, d'après Raphaël, *épreuve avant la lettre;* la danse des Muses, d'après J. Romain, *épreuve avant la lettre.* Ces estampes seront vendues séparément.

562. M. MOREL. Le serment des Horaces, d'après M. David; *lettres grises.*

563. M. MULLER. Sainte Famille, d'après An. Carrache, *épreuve avant la lettre;* Psyché enlevée par les zéphyrs, d'après M. Prud'hon, *épreuve avant la lettre, sur papier de soie;* deux portraits, d'après M. Delorme et mademoiselle Godefroy. Cet article sera divisé.

564. MM. MULLER ET SHARP. Sortie de la garnison de Gibraltar et le pendant, d'après M. Trumbull; encadrés.

565. M. POTRELLE. Le portrait de Jules Romain, d'après Jules Romain; *avant la lettre* et *encadré*.

566. REMBRANDT. Quatre portraits, dont celui de Grotius, celui de Rembrandt, celui de Silvius.

567. M. RICCIANI (Antoine). Judith montrant la tête d'Holopherne, d'après P. Benvenuti.

568. M. RICHOMME. La sainte famille, d'après *Raphaël*, très-belle *épreuve avant la lettre*, *sur papier de soie*; sujet mystique, d'après Raphaël, composition connue sous le titre des cinq saints, *épreuve avant la lettre*, *sur papier de soie*; Adam et Ève, d'après Raphaël, *lettres grises*; Neptune et Amphitrite, d'après Jules Romain, *épreuve avant la lettre, sur papier de soie*. Ces estampes seront vendues séparément.

569. SUYDERHOEFF. La chute des anges rebelles, d'après Rubens; *encadré*.

570. WILSON et JOHN BRONNE. Deux paysages, d'après le Guaspre; *encadrés*.

571. WOOLLETT. Deux paysages, d'après le Carrache et le Guaspre; *encadrés*.

572. La Vierge au poisson, d'après Raphaël, gravée sous la direction de M. Châtillon.

573. Dix estampes d'après l'antique, Raphaël, Baccio Bandinelli, J. Romain, etc., par Marc-Antoine, Béatrizet, Marc de Ravennes.

574. Six estampes, la plupart par G. Mantuan, d'après l'antique, Raphaël, J. Romain, etc., dont la bacchanale des dieux.

575. Huit estampes d'après Mantegne; marches triomphales, danses de nymphes, Hercule étouffant Antée, etc.

576. Treize estampes d'après Raphaël, Bandinelli, J. Romain, etc., par Béatrizet, Bonazone, Marc de Ravennes, etc.

577. Dix-sept autres, dont la cène et les apôtres, par Marc de Ravennes.

578. Vingt-quatre estampes, la plupart d'après Raphaël, par Béatrizet, Ange Vénitien, Marc de Ravennes, etc.

579. Seize estampes d'après J. Romain, Raphaël, par G. Mantuan, Georges Pengs, etc.

580. Quatorze estampes d'après Raphaël, dont plusieurs de l'histoire de Psyché.

581. Dix estampes d'après Raphaël, Marc-Antoine, Béatrizet, Piteau, etc.

582. Quatorze estampes d'après Raphaël, par Volpato, Pesne, Bouillard, Simonneau, etc.; la plupart Vierges et saintes familles.

583. Vingt-deux estampes, la plupart d'après l'antique et

Raphaël, par Vincenzo Feoli, Massard fils, Jérôme Vallet, Pilly, Piteau, etc.

584. Vingt-cinq estampes d'après Michel-Ange, par Marc-Antoine, G. Mantuan, C. Cort, etc.

585. Trente estampes d'après Raphaël, par Béatrizet, Bonazone, Mantuan, etc.

586. Quarante autres, par Audran, Surugue, Poilly, etc.

587. Quarante-six estampes d'après Raphaël, J. Romain, Michel-Ange, etc., par Marc-Antoine, Mantuan, Rousselet, Cunego, Capellan, etc.

588. Trente-cinq estampes d'après Raphaël, par Aquila, Audran, Volpato, Dubosc, etc.

589. Trente-quatre estampes d'après Michel-Ange, par Bonazone, Mantuan, etc.

590. Vingt estampes d'après Michel-Ange, par Chérubin Albertus, Ange Vénitien, Cunego, Capellan, etc.

591. Vingt estampes d'après Michel-Ange, par Béatrizet, Mantuan, Ange Vénitien, Capellan, etc.

592. Sept estampes d'après Bandinelli, par Ænea Vigo, Marc-Antoine, etc.

593. Treize estampes d'après Raphaël, J. Romain, Mutian, etc., par Béatrizet, Marc-Antoine, Desplaces, J. Fray, etc.

594. Quarante estampes par M. de Ravennes, P. Sante, Béatrizet, Mantuan, d'après divers maîtres italiens. =30

595. Trente estampes d'après Primatice, Daniel de Volterre, Parmesan, etc., dont David et Goliath, par Audran. =1

596. Quarante-huit estampes, par Tinti, d'après André del Sarto; Rousselet, d'après le Titien, etc. =29

597. Seize estampes, la plupart par Marc de Ravennes, d'après divers maîtres italiens. =14

598. Dix-huit estampes par Béatrizet, d'après divers maîtres italiens. =13

599. Quarante autres par Béatrizet, Bonazone, Winck, etc.

600. Quarante-huit estampes d'après Daniel de Volterre, Perrin del Vaga, par Bonazone, P. Testa, etc.

601. Treize estampes par Bonazone, A. Vénitien, G. Pengz, Marc de Ravennes.

602. Vingt-sept estampes d'après l'antique, Raphaël le Guide, etc., par Cunego, Maratte, Strange, etc.

603. Vingt-six autres, par Rousselet, Strange, etc.

604. Cent estampes, d'après les grands maîtres d'Italie, par Bonazones, Marc de Ravennes, P. S. Bartoli, G. Audran, etc.

605. Soixante autres, d'après les mêmes maîtres.

606. La frise de J. Romain, par B. Stella, et plusieurs estampes d'après des médailles et bas-reliefs antiques.

607. Vingt-huit estampes diverses, la plupart d'après le Carrache; et galerie du palais Farnèse, d'après le Carrache, par Lefebvre.

608. Soixante-quinze estampes; sujets et paysages, la plupart d'après le Carrache, le Dominiquin, etc.

609. Soixante-deux estampes, la plupart d'après le Corrège, le Carrache, le Dominiquin, etc.

610. Cent estampes, d'après le Titien, le Corrège, Carrache, le Dominiquin, Paul Véronèse, le Guide, etc.

611. Soixante-six autres, la plupart d'après le Carrache, l'Albane, etc.

612. Quatre-vingt-onze estampes, d'après le Corrège, l'Albane, etc.

613. Neuf estampes, d'après Solario, J. Romain, etc., et plusieurs portraits, par MM. Girardet, Muller et Forster.

614. Quatorze estampes, par et d'après Albert Durer, L. de Leyden, Suavius, etc.

615. Vingt-deux autres, des mêmes maîtres.

616. Vingt-cinq autres sujets et paysages, par L. de Leyden, de Bruyn, etc.

617. Vingt paysages, par Savery, Borcht, P. Bril, Herman, etc.

618. Dix estampes, d'après Rubens, dont le jugement dernier, l'enlèvement des Sabines, bataille des Amazones, etc., par P. Pontius, Bolswert, etc.

619. Douze estampes, d'après Rubens et Vandick, par Bolswert, Vermeulen, etc.

620. Sept autres, d'après Rubens et Van-Dick, par Paul Pontius, Vermeulen, etc.

621. Onze estampes, d'après Gérard Dow, et par Rembrandt, Smith, de Frey, etc.

622. Environ deux cents estampes, études de divers animaux, par Ridenger, Labelle, Dujardin, Marc de Bye, Boël, Tempeste, Robert, Earlone, Berghem, etc. Cet article sera divisé.

623. Sept estampes, d'après Lesueur, dont le martyre de saint Protais, par Audran, et la descente de croix, etc.

624. Trente-huit estampes, par et d'après S. Bourdon.

625. Dix-sept vignettes, la plupart d'après M. Gérard et avant la lettre, par MM. Forster, Lavallée, Torchi. Cet article sera divisé.

626. Vingt-deux estampes, figures antiques, par MM. Châtillon, Desnoyers, Girardet et Massard.

627. Cinq vignettes, d'après M. Girodet, par MM. Girardet, Ponce et Roger, dont deux sujets d'Anacréon. Cet article sera divisé.

628. Quatre portraits, par MM. Godefroy, Muller, Tardieu et Toschi, d'après MM. David et Gérard.

629. Neuf portraits, dont celui de Mme. Lebrun, par J. G. Muller; celui du prince Kourakin, par M. Kininger, d'après M. Lampi; celui du Dominiquin, par M. Langlois, etc.

630. La famille du comte Ugolin, d'après Reynolds, gravé à la manière noire.

631. Portrait de Jhon Bishop, par Yung, d'après Peters; deux autres, par MM. Talker et Fry; le portrait de Sterne, par Fisher, d'après Reynolds; celui de Cromwell, par Fater, d'après Leli; celui de Pope, par White, d'après Kneller; celui de Locke, par Smith, et celui de Largillière, par Chereau. Cet article sera divisé.

632. Collection de sept cent vingt portraits de princes, artistes, savans et personnages français de toutes les classes, par les graveurs de tous les temps, dont plusieurs par les meilleurs graveurs du siècle de Louis XIV.

633. Collection d'environ deux cent quarante portraits de princes, artistes, savans et personnages allemands, flamands et hollandais, par Van-Dick, Vaustermans, P. de Jode, Wille, Delff, Portman, etc.

634. Collection d'environ deux cents portraits de princes, artistes, savans et personnages anglais de toutes les classes, dont celui de Charles Ier., par Strange, et plusieurs d'après Van-Dick et autres, gravés en manière noire au burin, par les graveurs anglais.

635. Collection d'environ deux cent quatre-vingt-treize portraits de princes savans et artistes d'Italie, par Gautier, Vallet, Wouilmot, Piscinus, Richard, Collin, etc. Ces quatre articles pourront être divisés.

636. Vingt-sept paysages, la plupart par ou d'après J. Millet.

637. Soixante-quatorze estampes; vues diverses, paysages, intérieurs de villes et de monumens, dont plusieurs par J. Silvestre.

638. Trente-une estampes terminées à l'eau-forte, la plupart paysages, d'après les tableaux du Musée, et autres vues diverses, par Pillement.

639. Trente-quatre estampes; paysages, vues de différens pays, par Hackert, Duncker, etc.

640. Vingt-sept estampes, dont plusieurs paysages d'après Hackaert, par Duncker.

641. Quarante-deux paysages, vues d'Italie.

642. Soixante-deux estampes, par Piranesi et divers graveurs, d'après Panini.

643. Quatre-vingts estampes; paysages, vues d'Italie et autres, architecture, monumens et détails antiques, par divers graveurs.

644. Le plan de Rome, par Vasi.

645. Cinquante-deux estampes; vues diverses, d'après Wayner, Dietrici, Reinhart; la plupart par Zingy.

646. Vingt-cinq estampes pour un voyage dans la Nouvelle-Hollande.

647. Vingt-huit estampes, la plupart figures d'après l'antique; par Piranesi, Barbazze, etc.

648. Environ cent estampes, la plupart d'après les statues antiques, par Thomassin, Natalis, etc.

649. Trente-trois estampes du cabinet Crozat; imitation de dessins anciens.

650. Trois têtes d'études gravées à la manière du crayon, d'après MM. Girodet, Gérard, Guérin, etc.

651. Vingt-quatre estampes; sujets d'architecture, principes de dessin, etc.

652. La planche gravée de l'Endymion, d'après M. Girodet, par M. Châtillon, et deux cents épreuves avant le nuage.

653. Dix épreuves d'Atala, d'après M. Girodet, par M. Massard, avant la lettre, et soixante épreuves avec la lettre.

654. Vingt épreuves, avec la lettre, de l'estampe de Pygmalion, d'après M. Girodet.

655. Plusieurs planches gravées d'après des principes de dessin et autres planches gravées et à graver. Cet article sera divisé.

Musées, OEuvres, suites d'Estampes, Voyages, Livres à Figures, Livres sur les Arts, Recueils lithographiques, et Pierres lithographiées et à lithographier, etc., etc.

656. Une collection des plus complètes d'environ cinq cent soixante-trois estampes, d'après le Poussin, compris plusieurs pièces doubles. Cet œuvre remarquable et dont plusieurs pièces sont très-belles d'épreuves, a été acquis par M. Girodet, d'un amateur qui avait passé long-temps à le former ; lui-même l'a augmenté toutes les fois qu'il en a trouvé l'occasion. Cet œuvre sera vendu ensemble ou sera divisé selon les désirs des amateurs. On fera un lot séparé des pièces doubles.

657. Le Musée royal, publié par M. Henri Laurent. 40 livraisons.

658. Musée des antiques, dessiné et gravé par M. Bouillon. 41 livraisons.

659. Le voyage dans le Levant, en 1817 et 1818, par M. le comte de Forbin. Le texte et 78 planches.

660. Choix de vues pittoresques, par M. le vicomte de Sennones. 7 livraisons.

661. Paris et ses monumens, par M. Baltard. 25 liv.

662. Voyages pittoresques et romantiques dans l'ancienne France, par MM. Nodier-Taylord et de Cailleux. 39 liv.

663. Monumens français inédits, par M. Willemin. 39 *liv.*

664. Recueil des costumes français, dessiné, rédigé et gravé par M. Beaumirec-Rathier. 57 *livraisons.*

665. Choix de costumes civils et militaires des peuples de l'antiquité, par M. N. X. Willemin. 30 *livraisons* et une *livraison* des peintures, vases et bronzes antiques de la Malmaison.

666. Parallèle des plus anciennes peintures et sculptures antiques, ou recueil de monumens égyptiens, étrusques, grecs, etc., par M. Willemin. 1 vol.

667. Collection des plus beaux ouvrages de l'antiquité, par M. Willemin. 1 vol.

668. Choix des plus célèbres maisons de plaisance de Rome et de ses environs, par MM. C. Percier et P. F. L. Fontaine. 12 *livraisons.*

669. Recueil de décorations intérieures, par MM. Percier et Fontaine. 1 vol.

670. Plusieurs livraisons des recueils de décorations intérieures, par MM. Percier et Fontaine, des palais, maisons de Rome et autres ouvrages de MM. Percier et Fontaine, qui seront divisées sous ce numéro.

671. Monumens de Paris, diverses études, par M. Baltard, etc. 1 vol.

672. Recueil, vues des monumens antiques de Rome et

des principales fabriques pittoresques de cette ville, dessiné d'après nature et gravé par M. Baltard à la manière du lavis. 8 cahiers.

673. Mémoire sur la réunion du palais des Tuileries, du Louvre, etc., par M. Baltard, 1 vol.

674. Tableau historique et pittoresque de Paris, depuis les Gaulois jusqu'à nos jours, avec figures et gravures, à l'aquateinte. 17 *livraisons.*

675. Architecture toscane ou palais, maisons, etc., de la Toscane, par MM. Grandjean de Montigny et Famin.

676. Palais des États et sa nouvelle salle à Cassel, publié et gravé par M. Grandjean de Montigny. 1 recueil.

677. Recueil des plus beaux tombeaux exécutés en Italie dans les XVe. et XVIe. siècle, d'après les dessins des plus célèbres architectes et sculpteurs, mesurés et dessinés par M. Grandjean de Montigny. 4 *livraisons.*

678. Livre et recueil des vues des plus beaux monumens des antiquités romaines, gravées d'après les dessins de M. Barbault. 1 vol.

679. Oxonia depicta, par Guilielmo Willams. 1 vol.

680. Recueils et peintures de vases antiques dit étrusques, publiés par M. Dubois-Maison-Neuve. 25 *livraisons.*

681. Antiquité expliquée de Montfaucon, avec le supplément. 15 vol.

682. Antiquité d'Herculanum. 9 vol.

683. Winckelman, monumens inédits.

684. Les antiquités d'Athènes, par J. Stuard. 3 vol.

685. Colonne trajanne, par P. S. Bartoli.

686. Colonne antonine, *idem.*

687. Icones et segmenta illustrime marmore, etc., à S. Perrier.

688. Admiranda Romanorum, etc., par P. S. Bartoli.

689. Les ruines de Pœstum. 2 vol., par M. C. M. Delagardette.

690. Dissertations sur la ville de Pœstum, par Paulo Antonio Paoli.

691. Suites des frises antiques, tirées du palais Spada à Rome, dessinées et gravées par MM. F. Masson et Legrand. 1 recueil relié.

692. Voyage pittoresque de la Grèce. 1 vol.

693. Termes de Titus. 1 vol.

694. Gli antichi sepolcri, da P. S. Bartoli. 1 vol.

695. Le pitture antiche del sepolcro de' Nasonii nella via flaminia, par P. S. Bartoli.

696. Raccolta di varie antichita et lucerne antiche, da P. S. Bartoli.

697. Antichità di Pozzuoli. 1 vol.

698. Picturæ antiquæ cryptarum romanorum et sepulcri nosonum. 1 vol.

699. Historia utriusque belli Dacici à Trajano Cæsare Gesti ex simulachris quæ in Columna ejusdem Romæ visuntur, collecta A Alfonso Ciacono hispano.

700. Vases grecs, par Tischbein. 4 vol. en 2.

701. Recueil de gravures d'après des vases antiques du cabinet de M. Hamilton, publié par M. Guillaume Tischbein. 4 vol.

702. Sujets de vases grecs, avec leurs inscriptions, tirés de la collection du chevalier Hamilton. 1 vol.

703. Antiquités étrusques, grecques et romaines, tirées du cabinet de M. Hamilton. 2 vol.

704. Antiquités romaines, tirées du cabinet de M. Hamilton. 4 vol.

705. Bas-reliefs antiques, par Rocchegiani.

706. Les portes du Baptistaire à Florence, de L. Ghiberti.

707. Recueils des miniatures tirées des manuscrits de la bibliothèque Saint-Laurent, à Florence, commençant au dixième siècle de l'ère chrétienne, gravées pour la plupart par Lasinio.

708. Pitture a fresco del Campo Santo di Pisa, intagliate da Carlo Lasinio. 41 estampes, dont quelques-unes d'après Masaccio.

709. Recueil de gravures, par Gaudensis, d'après Mantègne; triomphe de J. César, dictateur.

710. Loges du Vatican, par Savorelli, etc. 1 vol.

711. Les loges de Raphaël, par Chaperon.

712. Entrée de l'empereur Sigismond, par B. Stella, d'après J. Romain.

713. Museo Farnese. 10 vol.

714. Musée de Florence. 3 vol.

715. Galerie Justiniani. 2 vol.

716. Les six heures du jour et les six heures de la nuit, d'après Raphaël, au Vatican, par divers artistes, MM. Lavallée, Hubert, etc.

717. Figures d'Homère, dessinées d'après l'antique, par H. Guil. Tischbein, 4 *livraisons*.

718. Sujets d'Homère et autres, d'après les compositions de Canova, gravés au trait par M. T. Piroli.

719. Flaxman. Iliade, Odyssée, tragédies d'Eschyle. 1 vol. gravé par M. Thomas Piroli.

720. Sujet de la divina Comedia di Dante Alighieri, de G. Flaxman.

721. L'œuvre des jours et la théogonie d'Hésiode. 57 p. gravées par M. Soger, d'après Flaxman.

722. Compositions from the tragedies of Æschylus, designed by John Flaxman, engraved by Thomas Piroli. 1 recueil.

723. The Odyssey of Homer, engraved by Thomas Piroli, from the composition of John Flaxman sculptur. Rome. 1 recueil.

724. Œuvres de Flaxman. 5 livres lithographiés par MM. Seillet et Lacqueson.

725. La collection des vignettes, d'après M. Percier, pour les fables de La Fontaine et les œuvres d'Horace.

726. Enéide; dessins, bas-reliefs au trait, d'après les compositions originales de Lademolto. 1 vol.

727. Compositions d'après les tragédies de Sophocle, dessinées et gravées à l'eau forte par M. Giacomelli. 1 liv.

728. La divina Comedia di Dante Alighieri, cioé l'inferno, il purgatorio ed il paradiso, composta ed incisa da Sofia Giacomelli. 1 vol.

729. Le Paradis perdu, par Mlle. Sofia Giacomelli.

730. Recueil de cent trente-deux sujets, composés et gravés par M. Fragonard fils. 9 cahiers.

731. Recueil d'eaux-fortes, paysages, figures et compositions, par M. Fabre, de Florence.

732. Histoire de Geneviève de Brabant, représentée en douze feuilles, au trait, par M. Charles Johannot. 1 vol.

733. Notice historique sur la tapisserie brodée par la reine Matilde, épouse de Guillaume-le-Conquérant. 1 vol.

734. Ossian's Gedichte von J. C. Ruhl. 1 cahier.

735. Paysages d'après Claude et Guaspre. 50 planches.

736. Voyage de Naples et de Sicile. 5 vol.

737. Pittoresques views of the antiquites of Pola in Istria, by Thomas Allason, architect. 1 vol.

738. Atlas des promenades pittoresques dans Constantinople et sur les rives du Bosphore, par M. Ch. Pertusier. 4 *livraisons*.

739. Recueils de cent cinquante vues choisies en Angleterre, etc., d'après les dessins de P. Sandby. 2 vol. en un.

740. Plans et elevations of the Church of Batalha in the province of Estremadura.

741. Les bords de La Loire, de madame Masquerier, gravures de M. Smith, d'après M. Lewis, et Wright, d'après M. Masquerier.

742. Baja e Pozzuoli da S. Hacquer. 1 vol.

743. Splendoris urbis Venetiarum. 2 vol.

744. Vedute di Venezia, da Luca Carlevariis.

745. Vues de Florence, par divers graveurs, en 1 vol.

746. Architecture arabe ou monumens du Caire, par M. P. Costo, architecte. 1re. livraison.

747. Le fontane di Roma, da G. B. Falda.

748. Antonii Augustini antiquitatum Romanorum, etc., a Jacobo Biaco. 1 vol.

749. Vues diverses d'Italie, par Antonio Donati.

750. Lettres ou voyage pittoresque dans les Alpes et vues de Rome. 1 cahier.

751. Raccolto di cento tavole rappresentanti i costumi religiosi, militari, etc., da Lorenzo Rocchegiani.

752. Familiæ romanæ quæ reperiuntur in antiquis numismatibus ab urbe condita ad tempora divi Augusti. 1577.

753. Græciæ ejusque insularum et Asiæ minoris numismata, ab Huberto Goltzio.

754. Icones, vitæ et elogia imperatorum romanorum, par H. Goltzius. 1678.

755. I vestigj delle antichità di Roma, da Stefano du Perac, Parigino. 1 vol. 1639.

756. Villa Aldobrandi, par Dom. Barrière, d'après le Dominiquin.

757. Antiquités sacrées et profanes des Romains, tirees des plus célèbres antiquaires.

758. Fastes des Romains, depuis la fondation de Rome jusqu'à Auguste, par H. Goltzius. 2 vol. 1666.

759. L'anfiteatro Flavio, dal cavaliere Carlo Fontana. 1725.

760. Antiquissimi Virgiliani codicis fragmenta et picturæ, etc., a P. S. Bartoli. 1741.

761. Monumenta Matthaeiana. 5 vol. avec planches, par Mazzoni.

762. Regali sepolcri del Duomo di Palermo. 1 vol.

763. Arcus L. Septimii Severi, cum explicatione Josephi Mariæ Suaresii. Romæ, 1676.

764. Vetustissimæ tabulæ Æneæ Ægyptiorum litteris, Bembi musæo hieroglyphicis cælatæ typus.

765. Veteres arcus triomphis insignes, Jo. Petri Bellorii. Romæ, 1640.

766. Rome souterraine, par Paul Aringhi. Romæ, 1651.

767. Del palazzo de' Cesari, opera postuma di Francesco Bianchini Veronese. 1 vol.

768. Regum et imperatorum romanorum numismata aurea, argentia, ærea, a Romulo et C. Jul. Cæsaris usque ad Justinianum, etc. 1 vol.

769. Le antiche Lucerna sepolcrati figurati, raccolti delle calle sotteranee e grotte di Roma, da Pietro Santi Bartoli, divise in tre parti, colle osservazioni di Gio Petro Bellori. 1 vol.

770. Museum Odescalchum, sive thesaurus antiquarum gemmarum, etc., P. S. Bartoli. 3 vol.

771. Romanum Museum, sive thesaurus eruditæ antiquitatis, etc., par Michel-Ange de la Chausse. 2 vol. 1746.

772. Musei etrusci edita et illustrata observationibus Antonii Francisci Gorii, publici historiarum professoris. 2 vol. 1737.

773. Antichi Pompei. 2 vol.

774. Gli ornati degli antichi Pompei incisi in rame. 1 vol.

775. Le même ouvrage.

776. Vasi etrusci. 3 vol.

777. Lucernæ fictiles musei passeri. 3 vol.

778. Chefs-d'œuvre de l'antiquité sur les beaux-arts, gravés par Bernard Picard. 2 vol.

779. Cérémonies religieuses des peuples de la Grèce, représentées par des figures dessinées de la main de Bernard Picard. 7 vol. Amsterdam, 1739.

780. Images des fameux monarques, rois, philosophes, poètes, auteurs, etc., de l'antiquité; par Giovan Angelo Canini.

781. Historia summorum pontificum, à Martino V ad Innocentium XI, per eorum numismata, etc. 1 vol.

782. Symbola divina et humana pontificum, imperatorum, regum, etc.

783. Gemmarum aflabre sculptarum thesaurus, par Jo. Jacobus Baierus. 1720.

784. Le antiche camere delle terme di Tito, descrite dall' abate Giuseppe Carletti. 1776.

785. Athenæi Naucratitis luculentissimi, elegantissimique scriptoris. 1 vol. sans estampes. 1583.

786. Sylloge numismatum elegantiorum quæ diversi imp. reges, etc., opera ac studio Joannis Jacobi Luckii. Deux éditions différentes. 1620.

787. Un volume contenant des cartes de géographie et diverses vues d'Italie.

788. Histoire métallique de la république de Hollande, par M. Bizot. 1687.

789. Pacificatores orbis christiani. 1 vol.

790. Antiquités gauloises et romaines, par M. C. M. Grivaud. 1 vol. de la collection des planches seulement; le texte manque. 1807.

791. Thesaurus electoralis Brandenburgicus selectus. 3 vol. 1646.

792. Antiquarum statuarum urbis Romæ, primus et secundus liber; Jo. Baptista.

793. Symbola varia diversorum principum.

794. Thesaurus ex thesauro palatino selectus. 1 vol.

795. Le château de Mariembourg en Prusse, par F. Srick.

796. Le cabinet de la bibliothèque de Sainte-Geneviève; première partie de l'histoire antique. 1 vol.

797. Histoire et antiquités de la ville et duché d'Orléans, par maître François Lemaire. 1 vol.

798. Histoire de l'abbaye de Saint-Denis, par dom Michel Félibien, avec plans et estampes. Paris, 1706.

799. Histoire de l'abbaye royale de Saint-Germain-des-Prés, par Jacques Bouillart, avec planches et gravures. 1724.

800. Le trésor des merveilles de la maison royale de Fontainebleau, par le R. P. F. Pierredan; gravures de Perelle. 1 vol. 1642.

801. La grande galerie de Versailles et les deux salons qui l'accompagnent, peints par C. Lebrun, dessinés par Jean-Baptiste Massé, et gravés sous ses yeux par les meilleurs maîtres du temps.

802. La vie de saint Bruno, d'après E. Lesueur, par François Chauveau. 1 vol.

803. Les peintures de C. Lebrun et de E. Lesueur, qui sont dans l'hôtel de Casteles; dessinées par Bernard Picard, gravées tant par lui que par différens graveurs, avec les plans et élévations. 1 vol.

804. Flavii Josephi antiquitatum judaicarum. 1 vol. 1524.

805. Veterum illustrium philosophorum, poetarum, etc., imagines a Jo. Petro Bellorio. 1685.

806. Civitates orbis terrarum. 2 vol. 1599.

807. Roma soterranea, par Giovanni Severano.

808. Augusteum, ou description des monumens antiques qui se trouvent à Dresde, par Guillaume Gottlieb Becker. 7 cahiers.

809. Annales de la monarchie française, depuis Pharamond jusqu'à la majorité de Louis XV, par M. Limiers. 1 vol.

810. Médailles sur les principaux événemens du règne de Louis-le-Grand, avec des explications historiques, par l'Académie royale des inscriptions et médailles. 1 vol.

811. Les portraits d'hommes illustres français, qui sont peints dans la galerie du Palais-Cardinal de Richelieu, dessinés et gravés par les sieurs Heince et Bignon. 1 vol.

812. Les hommes illustres, avec leurs portraits, par M. Perrault, de l'Académie française. 1 vol.

813. Le même ouvrage, en 2 vol.

814. Ouvrage d'Albert Durer, sur les proportions du corps humain.

815. Médailles de grand et moyen bronze, du cabinet de la reine Christine; par P. S. Bartoli. 1742.

816. Onuphrius Panninius Veronensis de ludis circensibus de triumphis. 1 vol. 1642.

817. Discours historial de l'antique et illustre cité de Nîmes, par Jean Poldo d'Albenon. 1560.

818. L'architecture de Vignole. 1617.

819. Ornemens d'architecture, par Moreau. 1 vol.

820. Illustrium virorum ut existant in urbe, expressi vultus.

821. Plans de Paris. 1 vol.

822. Recueil de cent estampes représentant différentes nations du Levant, gravées par les soins de N. Le Hay.

823. Études de paysages, dessinées et gravées par M. V. Pillement fils. 1re. *livraison*.

824. Concours décennal ou collections gravées des ouvrages de peinture, sculpture, architecture et médailles mentionnés dans le rapport de l'Institut de France. 10 livraisons.

825. Annales du Musée, C. P. Landon. Salon de 1819,

7

12 *livraisons*; salon de 1808, 4 *parties* ou *livres*; salon de 1812, 9 *livraisons*; salon de 1810, 4 *livraisons*.

826. Nouvelles des arts, C. P. Landon. 132 *livraisons*.

827. Annales du Musée; galerie Giustiniani. 28 *livrais*.

828. Examen des ouvrages de peinture, etc., exposés au Musée le 15 fructidor an 9. 7 *livraisons*.

829. Paysages et tableaux de genre du Musée, par M. Landon. 6 vol.

830. Vie de Nicolas Poussin, considéré comme chef de l'école française, suivie de son œuvre. 4 *livraisons*.

831. La Chine illustrée, d'Anathase Kircherie, de la compagnie de Jésus. 1 vol. Amsterdam, 1670.

832. Un manuscrit chinois.

833. Histoire des plantes vénéneuses et suspectes de la France, par M. Bullion, avec planches. 1 vol.

834. Voyage en Italie, par M. Isabey, en 1822. Trente lithographies par lui.

835. Voyage pittoresque autour du monde, offrant des portraits de sauvages d'Amérique, d'Asie, d'Afrique et des îles du grand Océan; leurs armes, habillemens, etc.; lithographies dessinées par M. Louis Choris, 22 *livraisons*.

836. Un an à Rome et dans ses environs, par M. Thomas. 2 livres de lithographies coloriées.

837. Restes et fragmens d'architecture du moyen âge, par M. Bonington. 1re. *livraison*.

838. Description du château de Chambord, par MM. Perle et Périé.

839. Souvenirs pittoresques du général Bacler d'Albe, campagne d'Espagne. 12 *livraisons*.

840. Suite pour le même ouvrage, en 17 cahiers.

841. Six livraisons détachées de sujets, par MM. Hersent et Fragonard.

842. Études d'animaux et marines, par MM. Demarnes et Gudin.

843. Dix-neuf lithographies, sujets et portraits, par MM. Hersent, Delorme, Coupin, Mauzaise, etc.

844. Collection de chevaux de tous les pays, montés de leurs cavaliers; lithographies, par C. Vernet. 5 cahiers.

845. Monumens romains de Nîmes, lithographiés par M. de Seynes, de Nîmes. 1 cahier.

846. Fleurs diverses, gravées par Legrand, d'après Van Spaendonck. 24 planches.

847. Deux recueils de MM. Villeneuve et Gudin, et un album lithographique.

848. Vingt-huit lithographies, cavaliers et militaires pour la plupart; par C. et Horace Vernet.

849. Cinquante-quatre paysages, par MM. Bourgeois et Thienon.

850. Environ cent trente lithographies, paysages, sujets, portraits et caricatures, par divers artistes.

851. Vingt-une lithographies; sujets militaires et caricatures, par MM. H. Vernet, Charlet, etc.

852. Dix-huit lithographies; paysages et marines, par MM. Bourgeois, Thiénon, Gudin, Bonnington, etc.

853. Dix-sept lithographies; sujets militaires et caricatures, par M. Charlet.

854. Différens genres de voitures des Russes, dessinés par M. Demame Demartrait, gravés par M. Dubucourt.

855. Projet de reconstruction de la salle de l'Odéon, par Peyre fils; texte et lithographies.

856. Essais lithographiques sur l'exposition, au Musée royal de l'année 1819; par A. V. et A. C. 9 *livraisons*.

857. Environ deux cents volumes sur les arts, qui n'ont pu être décrits; ils seront exposés l'avant-dernier jour de la vente.

858. Pierre lithographiée d'après le paysage désigné sous le numéro 140.

859. Une pierre lithographiée d'après une des têtes du jugement dernier.

60. Plusieurs autres pierres lithographiées, d'après M. Girodet, seront divisées sous ce numéro.

861. Plusieurs pierres à lithographier.

862. Les recueils, livraisons séparées et estampes qui auront pu être omis, seront vendus sous ce numéro.

Médailles, Objets antiques, divers Bronzes, Emaux, Vases en Albâtre, Armures, Armes, Meubles précieux, de boule et autres, Costumes; Costumes turcs et autres; Peaux d'Animaux; Porcelaines de la Chine, Figures, Bustes, etc., en Plâtre moulés sur l'Antique; Modèles en Liége, Mannequins, Chevalets à mécaniques et autres; Boîtes à Couleurs, outremer, Couleurs diverses, et Objets divers de Curiosité et composant le Mobilier de l'Atelier.

Médailles, Antiquités, marbres, Emaux et Bronzes.

863. Un médaillier à plusieurs tiroirs ; le 1er. renfermant environ quatre-vingt-dix médailles en cuivre, la plupart des empereurs romains; le 2e. renfermant environ cent quarante-cinq médailles et monnaies en cuivre, la plupart du Bas-Empire, de Constantin, Dioclétien, Gordien, Vespasien, etc.; le 3e. renfermant environ quatre-vingt-quinze médailles et monnaies, parmi lesquelles on remarque celles de Faustine, Antonin, Commode, Claude, Maxime, etc.; le 4e. contenant environ quatre-vingt-dix-

huit médailles et monnaies, la plupart grecques, en argent, parmi lesquelles on remarque plusieurs médailles de Syracuse, une d'Alexandre très-belle, etc., une en or; le 5°. renfermant environ trente-huit médailles et monnaies grecques, en cuivre; le 6°., environ quatre-vingt-quinze médailles, parmi lesquelles on remarque J. César, Othon, Germanicus, Auguste, Galba, etc.; les autres tiroirs contiennent diverses médailles modernes, empreintes, etc., en cuivre, argent, etc.

864. Sept petites lampes étrusques, de diverses formes.

865. Neuf figures de divinités égyptiennes; modèles de momies en différentes terres, faïence et autres matières.

866. Environ quinze moyens et petits vases antiques, étrusques, dont plusieurs ornés de peintures et dessins d'ornement.

867. Plusieurs boucles d'oreilles et bagues antiques en or, avec pierres fines, trouvées à Pompéia. Ces articles seront divisés.

868. Deux petits bustes en marbre, l'un d'Appolline, l'autre représentant un fleuve.

869. Une tête d'Isis, en albâtre oriental.

870. Une figure d'écorché, en bronze.

871. Un modèle de tombeau, présumé en marbre coloré.

872. Un vase en albâtre, à anses et orné de bas-reliefs. H. 20 p. diam. 10 p.

873. Deux vases en albâtre, à anses et enrichis de divers ornemens. H. 17 p. diam. 9 p.

874. Une jolie coupe en émail, ornée de plusieurs médaillons à sujets; un plateau en émail, orné de sujets et d'arabesques; une plaque en émail, ornée d'une peinture de jeux d'enfans. Cet article pourra être divisé.

875. Un beau chandelier en bronze, à ornemens divers ciselés.

876. Un trépied en bronze, orné de dessins de bon goût, ciselés.

877. Un mortier en bronze.

878. Deux figures, deux petits vases et autres objets en bronze indien, qui seront divisés sous ce numéro.

879. Un petit coffret, orné de bas-reliefs en ivoire.

880. Une fourchette et un petit couteau, avec manche en vermeil, figurant une tête d'enfant.

881. Un chandelier, plusieurs vases curieux, en cuivre et en bronze; des anneaux, des sonnettes, des croix et autres objets en bronze, tant antiques que de la renaissance, qui seront détaillés sous ce numéro.

Armures, Armes, meubles curieux.

882. Le bouclier de Henri II, très-riche en dessins de relief, offrant divers sujets, détails et accessoires analogues au temps, et un casque, aussi très-orné, et qui porte le même caractère. Cet article pourra être divisé.

883. Un autre bouclier, aussi très-riche en dessins d'ornement et de figures de travail florentin, et un beau casque du même style. Cet article pourra être divisé.

884. Plusieurs boucliers en fer et en osier, etc., la plupart turcs ou indiens, qui seront détaillés sous ce numéro.

885. Plusieurs beaux casques en fer et en cuivre, anciens et modernes, dont plusieurs turcs et arabes, et pour la plupart très-ornés, qui seront détaillés sous ce numéro.

886. Quatre damas, ornés de poignées et fourreaux précieux, seront détaillés sous ce numéro.

887. Plusieurs sabres, épées et poignards, de différens temps et de différens pays, seront détaillés sous ce numéro.

888. Trois casse-têtes, plusieurs carquois de sauvages garnis de leurs flèches, arcs et ornemens divers de sauvages, seront détaillés sous ce numéro.

889. Plusieurs fusils, carabines, piques, etc., qui seront détaillés sous ce numéro.

890. Deux beaux gantelets damasquinés, un modèle de couleuvrine, parties d'armures dépareillées, etc., qui seront détaillés sous ce numéro.

891. Deux très-belles armoires de boule, en marqueterie, ayant appartenu à madame de Maintenon, ornées de son chiffre et de plusieurs devises, à quatre panneaux en grillages. H. 8 pi. 2 po. l. 4 pi. 6 po.

892. Une autre armoire en marqueterie de bois divers, riche en dessins, à deux parties et quatre battans. H. totale, 6 pi. 1/2, l. 4 pi.

893. Une autre, de même dessin, dite cabinet; la partie supérieure à tiroirs, la partie inférieure à vantaux.

894. Une autre très-belle armoire, dite cabinet; la partie supérieure en marqueterie de cuivre et étain sur fond écaille, à tiroirs et secrets; la partie inférieure à vantaux. H. totale, 6 pi. 6 po. l. 4 pi. 6 p.

895. Une petite bibliothèque en marqueterie de boule; la partie supérieure à grillages, la partie inférieure à vantaux. H. 6 pi. l. 2 pi. 9 p.

896. Une petite bibliothèque basse, en marqueterie de cuivre sur fond écaille, à un panneau grillé.

897. Une commode, travail de Boule, marqueterie de cuivre, à trois tiroirs, avec dessus en bleu turquin, poignées et masques en cuivre.

898. Un meuble en marqueterie de divers bois, à vantaux et tiroirs. H. totale, 6 pi. l. 3 pi. 4 po.

899. Un autre, dit cabinet, à vantaux et tiroirs et à deux parties, en bois de racines et ornemens en cuivre. H. totale, 6 pi. l. 4 pi. 6 po.

900. Un meuble, dit cabinet, à tiroirs, en marqueterie de bois divers, ivoire et écaille, à vantaux et tiroirs. H. 4 pi. 2 po. l. 3 pi. 6 po.

901. Une pendule dans une cage en marqueterie.

8

Costumes turcs et autres, Peaux d'animaux, Porcelaines, Bosses, mannequin, Boîtes à couleur, Couleurs, Chevalets, etc., etc.

902. Un barnouffe d'étoffe fine et très-conservé, un autre en laine blanche, qui seront vendus séparément.

903. Une robe turque en soie jaune, une autre en soie rayée et brodée, une autre en drap rouge fin, une autre en satin rayé, une autre d'étoffe noire brodée, une autre de couleur rouge foncé avec paremens en soie verte, une autre en drap noir, une autre doublée en taffetas blanc. Cet article sera divisé.

904. Une veste turque en étoffe de Perse, une autre en drap jaune, deux en drap rouge, une en soie rayée, une autre brodée, une en basin brodé, etc., qui seront détaillées sous ce numéro.

905. Plusieurs culottes et pantalons turcs, dont quelques-uns à bottines, de diverses étoffes de soie et laine, seront vendus sous ce numéro.

906. Une grande ceinture en soie rayée et brodée, une ceinture en satin blanc à franges, une ceinture en soie bleue, une autre rouge, une en tricot de soie amarante avec franges, une ceinture en soie jaune, une ceinture en gaze à franges, deux autres en soie rayée, une blanche, deux autres brodées, une en mousseline, une autre en toile coton ouvrée à franges. Cet article sera divisé.

907. Deux morceaux d'étoffes brochées et rayées, un morceau de Madras, un autre en soie brodée à franges, un

morceau d'étoffe des Indes broché, un autre d'étoffe de soie et laine blanche, un autre ouvré, seront détaillés sous ce numéro.

908. Deux très-grands schalls, dont un en belle mousseline, un autre en soie rayée, un autre en mousseline brochée, un voile brodé, seront détaillés sous ce numéro.

909. Une belle draperie blanche, deux espèces de chemises, dont une en gaze blanche et soie, une autre en coton, seront détaillées sous ce numéro.

910. Plusieurs bottines brodées, gants, calottes de turbans, pantoufles turques et autres parties d'habillemens turcs, etc., seront vendus sous ce numéro.

911. Quatre beaux coussins indiens brodés.

912. Une robe en velours noir, deux robes blanches.

913. Un tapis de table en velours violet à franges.

914. Plusieurs morceaux de draperies de diverses couleurs et de velours seront détaillés sous ce numéro.

915. Un manteau de gendarme et des bottes à l'écuyère.

916. Deux belles peaux de lion et une autre de lionne, qui seront vendues séparément.

917. Une peau de léopard, une de panthère, une de zèbre.

918. Deux de chevreuil, trois de renard, une de loup, deux de loutre, deux d'agneau. Cet article sera divisé.

919. Plusieurs peaux d'animaux et animaux empaillés, qui seront vendus sous ce numéro.

920. Deux vases, forme d'aiguière, en porcelaine de la Chine, fond bleu à dessins tracés en or.

921. Un autre en porcelaine de la Chine, fond bleu à bouquets blancs.

922. Plusieurs vases en porcelaine de la Chine et autres, seront détaillés sous ce numéro.

923. Les cinq ordres d'architecture, en liége.

924. Une guittare très-ornée.

925. Plusieurs socles en différens marbres, en albâtre, etc., qui seront détaillés sous ce numéro.

926. Plusieurs figures, dont l'Apollon, la Vénus de Médicis, torses, bustes, têtes et masques, bas-reliefs et fragmens en plâtre moulés sur l'antique, quelques-uns moulés à moule perdu sur des antiques enlevés du Musée. Cet article formera plusieurs lots.

927. Un mannequin.

928. Deux squelettes.

929. Deux belles boîtes à couleurs, grands chevalets à mécanique et autres, et ustensiles divers propres à la peinture et au dessin, qui seront détaillés sous ce numéro.

930. Plusieurs flacons d'outre-mer et d'autres de belles couleurs seront divisés sous ce numéro.

931. Les objets de tous genres, de curiosité, et composant le mobilier de l'atelier, qui auront été omis, seront vendus sous ce numéro.

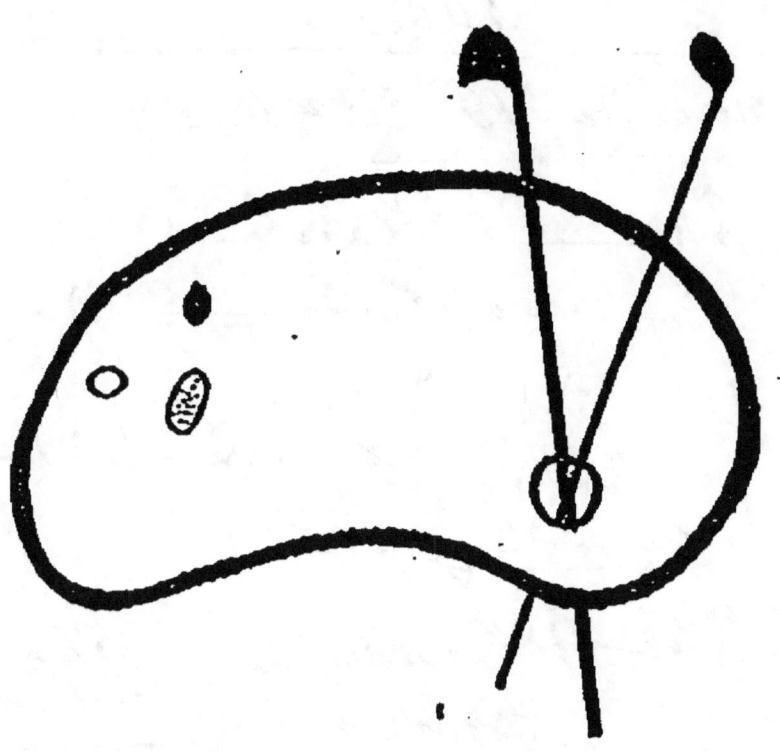

ORIGINAL EN COULEUR
NF Z 43-120-8

N- 84 —— 90 = francs
216 —— 300 =

Le mercredi 19 Avril

N°- 84 —— 1 Ebauche
        tête de femme —— 90

n- 216 = Deux dessins
        apothéose de St Louis —— 300 —

Jeudi 1er Avril

N° 231 — le portrait de
        femme dessin —— 262 =

280 — Portrait f. femme —— 109 —
226 —
348 — 1 têtes hum f. 16
224 — Etude f. femme —— 308

Total —— 1690

www.ingramcontent.com/pod-product-compliance
Lightning Source LLC
Chambersburg PA
CBHW071746240526
45471CB00022B/601